레시피는 어맨다 그랜트 Amanda Grant가 어린이에게 맞게 다시 썼어요. 어맨다는 음식에 대한 글을 쓰는 작가이자 방송인, 그리고 엘라, 롤라, 핀리의 엄마예요. 어린이의 건강한 식생활에 관한 책을 몇 권 썼고, 《딜리셔스》 잡지의 청소년을 위한 요리 코너에 글을 썼어요. 어맨다는 어린이에게 맛있는 음식과 요리법에 대해 가르쳐 주는 걸 좋아해요.

삽화는 해리엇 러셀 Harriet Russell이 그렸어요. 해리엇은 어린이와 10대를 위한 좋은 요리책을 많이 냈어요. 그는 이탈리아 음식을 좋아하는데, 특히 50쪽의 페스토 링귀니 같은 파스타 만들기를 좋아한답니다.

아이와 함께하는 실버 스푼
The Silver Spoon for Children

그림으로 배우는 건강하고 맛있는
이탈리아 요리

; 세미콜론

Contents
차례

- 이탈리아 요리법 4
- 안전하게 요리해요 6
- 요리 도구와 장비 7
- 요리 기술과 요령 8

Lunches and Snacks
점심과 간식

- 프로슈토와 멜론 12
- 토마토 브루스케타 14
- 소시지 크로스티니 16
- 피자 가게식 토스트 18
- 판차넬라 샐러드 20
- 모차렐라 치즈와 토마토 샐러드 22
- 여름 카넬리니콩 샐러드 24
- 참치와 콩 샐러드 26
- 토스카나식 미네스트로네 수프 28
- 깍지콩과 토마토를 곁들인 참치 프리타타 30

pasta and Pizza
파스타와 피자

- 피자 반죽 34
- 마르게리타 피자 36
- 나폴리식 피자, 소시지 피자 37
- 건조 파스타 삶는 법 39
- 생파스타 반죽 40
- 나폴리식 라비올리 42
- 크림, 완두콩, 햄 탈리아텔레 44
- 토마토 소스 스파게티 46

스파게티 아마트리치아나 48
페스토 링귀니 50
마카로니 그라탕 52
라자냐 54
미트볼 리가토니 56

Main Courses 주요리

리소토 60
감자 뇨키 62
폴렌타 뇨키 64
토마토 소스의 가지 구이 66
콩과 소시지 68
오븐 구이 대구와 채소 70
생선 케밥 72
올리브 닭고기 스튜 74
마스카르포네 치즈를 채운 닭가슴살 76
쇠고기 스튜 78
양고기 촙과 로즈마리 어린 감자 구이 80
허브 껍데기의 양 다리 통구이와 속 채운 토마토 82

Desserts and Baking 디저트와 제과제빵

포카치아 86
마블 링 케이크 88
오렌지 케이크 90
헤이즐넛 케이크 92
속 채운 복숭아 94
바나나 크림 96
숲의 과일 아이스크림 98

Cooking the Italian way 이탈리아 요리법

많은 사람들이 이탈리아 음식을 좋아해요. 그러니 만들 줄 안다면 더 좋겠죠! 우리는 이탈리아 가정의 거의 모든 부엌에서 찾아볼 수 있는 베스트셀러 요리책 『실버 스푼』에서 40개의 레시피를 골랐어요. 그리고 여러분이 쉽게 따라 할 수 있도록 새롭게 썼답니다. 여러 세대에 걸쳐 전해 내려오는 레시피이므로 이탈리아의 부엌에서 이탈리아식 요리법을 배운다고 상상해 보세요.

오랫동안 이탈리아에서는 좋은 재료를 간단히 섞어 맛을 내는 방법을 발달시켜 왔어요. 예를 들어 통조림 토마토와 생바질 잎, 마늘과 좋은 올리브기름처럼 기본 재료 몇 가지만 섞으면 맛있는 파스타 소스를 만들 수 있어요. 이 책의 레시피를 통해 이탈리아 음식에 대해 배울 수 있을 뿐만 아니라, 어느 부엌에서나 쓰는 중요한 요리 기술과 요령을 배울 수 있답니다. 작고 날카로운 칼을 쓰는 법(요리를 제대로 하려면 꼭 알아야 해요!), 채소 손질법, 파스타 조리법, 밀가루로 피자 반죽을 만드는 법까지 배울 수 있어요.

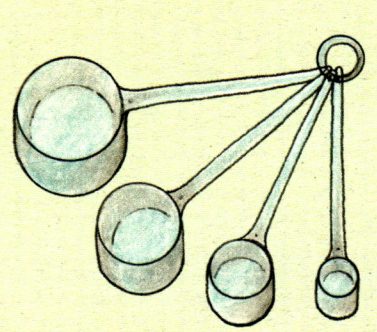 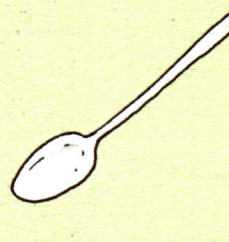

요리는 단지 먹기 좋은 음식을 만드는 게 전부가 아니랍니다. 레시피를 따라 만들면서 산수(양 재기, 나누기), 읽기(레시피는 물론 그에 딸린 재미있는 이야기), 지리(이탈리아에 대한 흥미로운 사실)와 미술(해리엇이 이 책에 그린 것처럼 자신이 만든 음식을 그림으로 그려 볼 수 있어요.)까지도 연습할 수 있어요.

『아이와 함께하는 실버 스푼』에 실린 레시피는 전부 어린이들이 직접 시험해 본 것이랍니다. 아홉 살이나 열 살, 혹은 그보다 더 나이가 많다면 레시피를 따라 이 책의 거의 모든 음식을 만들 수 있을 거예요. 가끔은 어른의 도움을 받으면서요. 하지만 날카로운 칼을 다룬다거나 오븐 또는 푸드 프로세서 같은 전기 기구를 다룰 때는 꼭 어른과 함께 해야 한다는 걸 잊지 마세요. 만약 아홉 살보다 어린 친구라면 형이나 누나, 어른의 도움이 필요해요. 해리엇의 그림도 도움이 될 거예요.

자, 이제 이 맛있는 이탈리아 요리를 만들면서 부엌에서 재미를 느껴 보세요. 다 만든 음식은 가족이나 친구들과 즐겁게 나눠 먹을 수 있답니다. 마치 이탈리아 사람들처럼!

Cooking Safely

안전하게 요리해요

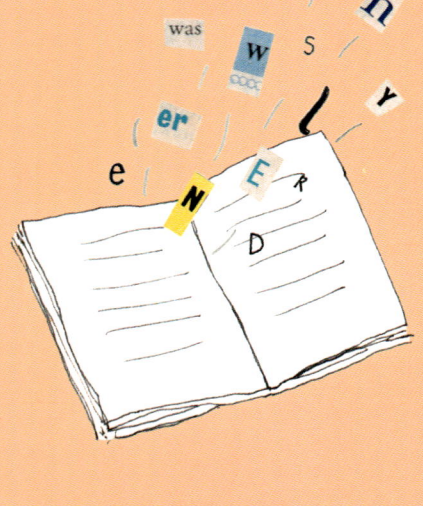

요리는 책 읽기와 조금 비슷해요. 기본을 배우고 나면 나머지는 저절로 할 수 있게 되거든요. 이 책에서 쓸모가 아주 많은 기술이나 요령을 배울 수 있지만, 요리를 시작하기 전에 생각해 봐야 할 게 몇 가지 있어요. 이미 알고 있으리라고 믿지만 그래도 살펴보아요.

— 요리를 시작하기 전에 반드시 손을 씻고 옷이 아닌, 천이나 종이 행주로 물기를 닦아요. 날고기나 생선을 만진 다음에는 언제나 손을 씻어요.

— 손에 끼고 있는 반지 같은 장신구는 벗어요. 케이크를 먹다가 반지를 씹으면 안 되잖아요!

— 머리가 길면 뒤로 묶는 것도 좋아요. 머리카락이 들어 있는 음식은 아무도 좋아하지 않는답니다.

— 옷에 붙은 먼지가 음식에 들어가지 않게 하기 위해 앞치마를 입어요.(물론 옷을 항상 깨끗이 입어요!)

— 오븐에 무엇인가 넣고 꺼낼 때에는 언제나 오븐 장갑을 껴요. 뜨거운 그릴에 음식을 올리거나 뒤집을 때도 꼭 장갑을 끼세요.

— 오븐이나 푸드 프로세서를 쓸 때는 어른에게 도움을 부탁해요. 삶은 파스타를 체에 쏟을 때도 마찬가지랍니다.

— 그리고 가장 중요한 일: 요리를 시작하기 전에 항상 주위에 있는 어른에게 알려요!

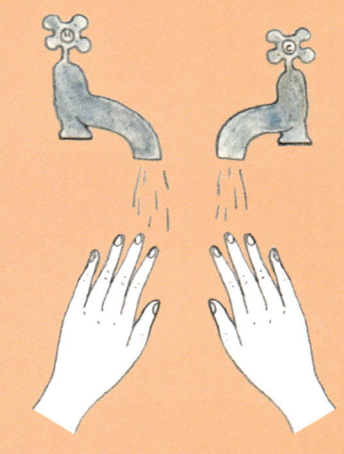

반지가 들어간 케이크
Ring cake

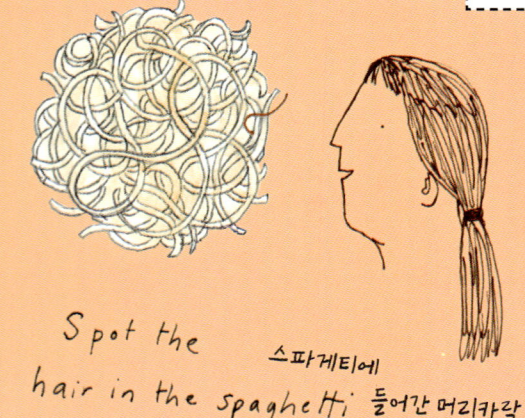

Spot the hair in the spaghetti
스파게티에 들어간 머리카락

Equipment and Utensils

요리 도구와 장비

이 책의 레시피를 따라 하는 데 도구가 많이 필요하진 않지만, 아래의 도구나 장비를 가지고 있으면 편해요.

작고 날카로운 칼

모든 요리사는 칼 다루는 법부터 배워야 해요. 또한 각 상황에 맞는 칼을 아는 것도 중요하답니다. 과도는 언제나 좋은 출발점이에요. 작고 날카로운 칼은 과일이나 채소를 다듬고 썰기에 좋지요.

무딘 칼이 날카로운 칼보다 더 위험하다는 걸 알고 있나요? 칼이 무디면 재료를 자를 때 힘을 더 줘서 눌러야 하고, 그럼 재료가 미끄러질 수도 있어요. 다리 세우기와 고양이 앞발이라는 두 가지 칼질 요령을 소개해요.(8쪽 참조) 이 두 가지를 익히고 나면 대부분의 재료는 쉽게 썰 수 있어요. 그래도 날카로운 칼을 쓸 때는 언제나 어른에게 알려요.

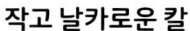

도마

플라스틱이나 나무 제품을 써요. 뜨거운 물에 세제를 써서 문질러 닦아 깨끗이 해 두세요. 특히 날고기, 생선, 달걀을 다룬 다음에 잘 씻어야 해요.

나무 주걱

아직 안 가지고 있다면 용돈으로 하나 사 두는 게 좋아요. 요리사는 대부분 나무 주걱으로 재료를 섞는답니다!

소스팬

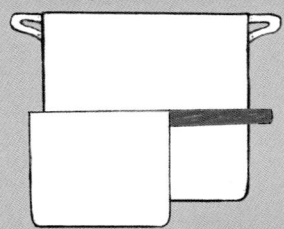

파스타 삶을 때 쓰는 큰 팬, 소스를 만드는 작은 팬 하나씩만 있으면 충분해요. 중간 크기의 팬이 하나 더 있다면 더 좋고요!

가위

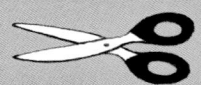

생허브 같은 재료를 자를 때는 가윗날에 손을 베지 않도록 날의 가장자리로부터 손가락을 멀리 두세요.

마늘 분쇄기

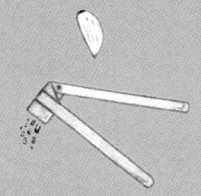

마늘은 작고 다지기 어려울 수 있어요. 그래서 으깨는 게 편하답니다. 껍질을 벗긴 마늘을 분쇄기의 컵 안에 넣고 두 손으로 손잡이를 세게 눌러요. 빠져나온 으깨진 마늘을 나이프로 긁어서 써요.

믹서 또는 푸드 프로세서

몇몇 레시피는 믹서나 푸드 프로세서가 있으면 더 편해요. 없다면 친구에게 빌려 쓸 수도 있고요. 아래에 날카로운 날이 달려 있으니 사용하기 전에 꼭 어른에게 도움을 청해요. 날카로운 칼을 쓸 때처럼 칼날에서 멀찍이 떨어져 사용하세요.

절구와 공이

절구와 공이는 재미있는 도구랍니다. 음식을 절구(사발)에 담고 공이(무거운 막대기)로 찧어요. 없다면 작은 플라스틱 그릇이나 나무 대접에 재료를 담고 나무 밀대의 끝으로 부숴요.

Techniques
요리 기술과 요령

다리 세우기 칼질법
엄지와 검지 벌려 손가락을 다리 모양으로 세우고 썰려는 재료를 잡아요. 다른 손으로 칼을 쥐고 날이 아래쪽을 향하게 한 다음, 다리 아래로 재료를 썰어요. 토마토 같은 무른 재료는 칼끝으로 미리 껍질을 찌르면 좀 더 쉽게 썰 수 있어요.

고양이 앞발 칼질법
재료의 평평한 면이 아래에 오도록 도마에 올려두세요.(다리 세우기 칼질법으로 먼저 재료를 반으로 가르는 게 좋아요.) 칼을 들지 않은 손의 손가락을 고양이 발톱처럼 오므리고, 오므린 네 손가락 안에 엄지를 넣어요. 그러면 칼날로부터 손가락 끝을 보호할 수 있답니다. 오른손잡이라면 왼손으로, 왼손잡이라면 오른손으로 고양이 앞발을 만들어요. 그리고 썰 재료 위에 올려요. 재료를 썰면서 칼날이 점점 다가오면 오므린 손을 움직여 칼날로부터 거리를 두세요.

양파 깍둑썰기
양파를 도마에 올려요. 고양이 앞발로 조심스레 양파를 잡고 뾰족한 끝을 잘라 버린 후 평평한 면이 닿도록 도마에 올려요. 그런 다음 다리 세우기 방법으로 양파를 잡고 반으로 갈라요. 마른 겉껍질은 벗겨 내세요. 양파를 잘게 깍둑썰기하려면 다리 세우기로 잡고 뿌리 쪽에서 반대쪽 끝으로, 즉 먼저 세로로 썰어요. 그리고 고양이 앞발로 잡아 가로로 썰어요.

양파 채썰기
반으로 가른 양파를 평평한 면이 도마에 닿도록 올려요. 고양이 앞발로 양파를 잡고 칼을 움직여 썰어요.

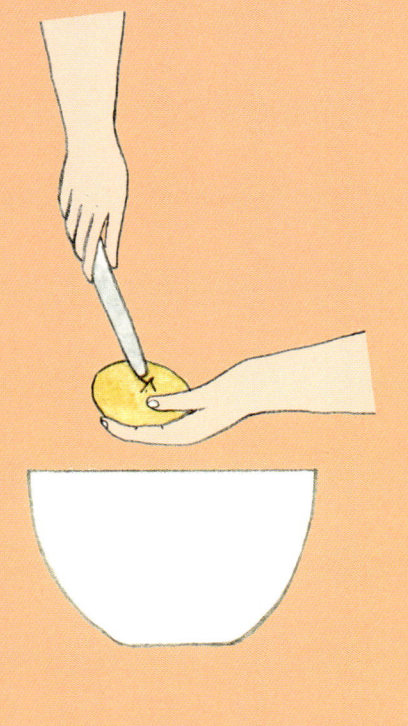

달걀 깨기

한 손을 컵처럼 오목하게 만들어 달걀을 쥐어요. 작은 그릇을 아래에 두고 나이프로 달걀 한가운데를 쳐서 깨뜨려요. 나이프를 내려놓고 양손으로 달걀을 잡아 엄지손가락을 깨진 틈에 넣어요. 조심스레 껍데기를 벌려 흰자와 노른자를 그릇에 담아요.

강판 쓰는 법

강판을 도마에 올려놓고 손잡이를 단단히 잡아요. 갈려는 재료의 가장 넓은 면을 강판에 대고 위아래로 움직여요. 손가락이나 관절이 강판의 '이빨'에 닿지 않도록 조심하세요.
강판의 구멍 크기가 각각 다르다는 건 알고 있나요? 샐러드에 넣을 당근 같은 재료는 큰 구멍에 대고 큼직하게 가는 게 좋아요. 파르미지아노 치즈 같은 재료는 작은 구멍으로 갈아요. 파스타에 솔솔 뿌려 먹기 좋아요!

채소 껍질 벗기개 쓰는 법

껍질 벗기개도 종류가 다양하니까 써 보고 가장 잘 맞는 걸 골라요. 채소의 한쪽 끝을 잡고 다른 쪽을 도마에 올려요. 채소의 중간 부분에서 시작해 바깥쪽으로 껍질을 벗겨요. 벗기개도 칼날이 날카로우니 조심하세요! 채소를 돌려 가면서 껍질을 전부 벗겨 내요. 그리고 돌려서 나머지 절반의 껍질도 마저 벗겨요.

레몬과 오렌지 즙 짜는 법

다리 세우기 칼질법(8쪽 참조)으로 레몬이나 오렌지를 반으로 갈라요. 힘이 세다면 반 가른 과일을 작은 그릇이나 컵에다 직접 즙을 짜서 담아요. 아니면 옆의 그림과 같은 즙짜개를 써도 좋아요. 즙짜개 위에 반 가른 과일을 올려놓고 손으로 누르고 비틀면서 즙을 짠답니다.

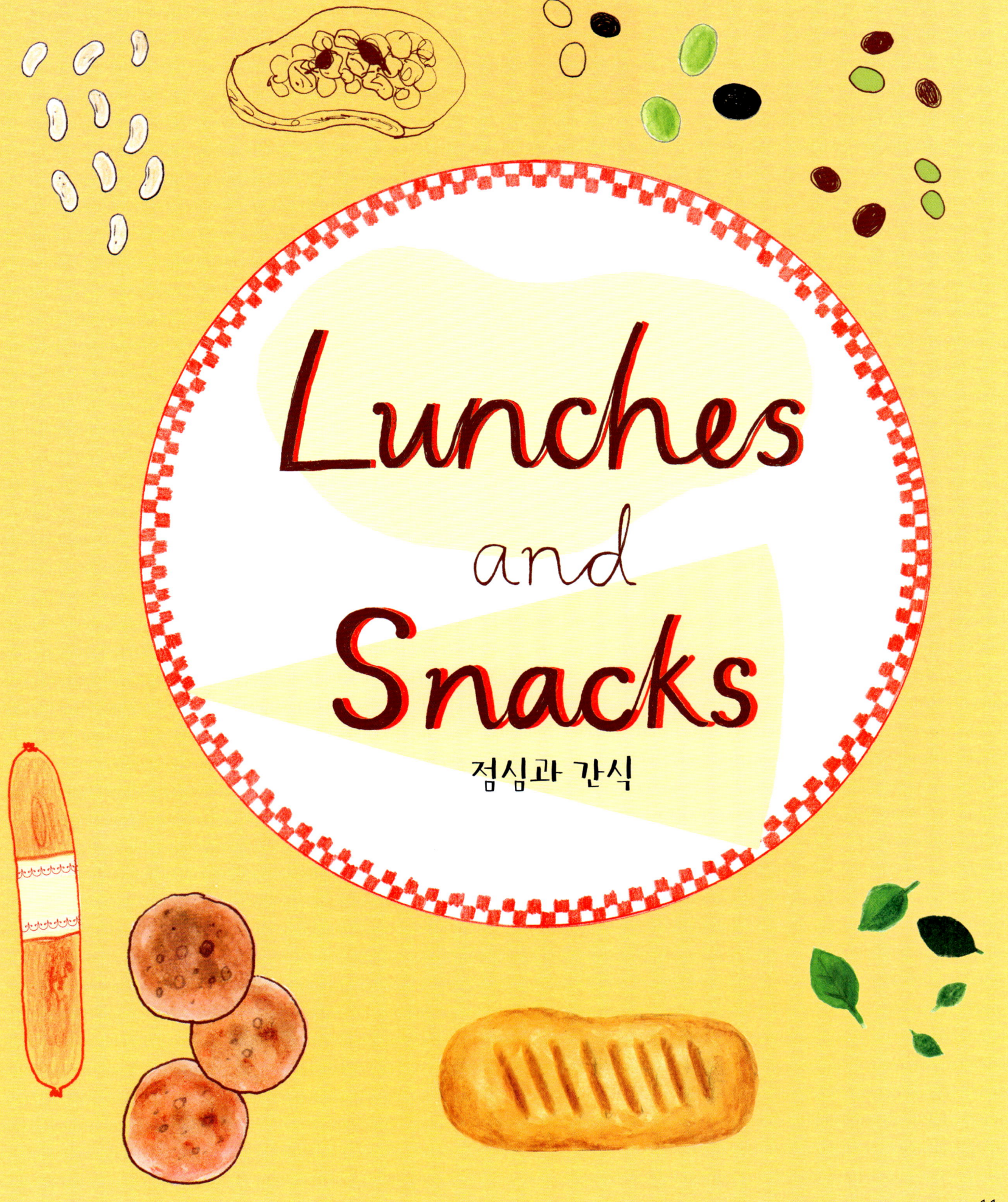

Lunches and Snacks
점심과 간식

Prosciutto and Melon

프로슈토와 멜론

프로슈토는 맛있는 햄이에요. 햄의 짠맛이 멜론의 단맛과 잘 어울려 전채 또는 안티파스토로 매우 훌륭하죠. 이 레시피를 위해 잘 익은 멜론을 골라요. 그래야 썰기 쉽거든요. 캔털루프나 허니듀가 최고지만 다른 멜론도 좋아요. 둥그런 캔털루프는 옅은 녹색의 울퉁불퉁한 껍질 속에 맛있는 오렌지색 살이 숨어 있어요. 허니듀는 보통 캔털루프보다 좀 더 크고 타원형인데, 노란색이 도는 녹색 껍질 속에 연한 녹색 살이 숨어 있답니다.

4명의 전채로 충분한 양

또는 바삭한 빵을 곁들여 가벼운 점심으로 먹어요.

— 잘 익은 작은 멜론 2개●
— 프로슈토 8~12쪽 (한 사람당 2~3쪽)

● 멜론이 익었는지 확인하려면 냄새를 맡아 봐요. 그야말로 멜론 냄새가 솔솔 풍긴답니다!

캔털루프

허니듀

❶ 다리 세우기 칼질법(8쪽 참조)으로 멜론을 반으로 갈라요. 톱질하듯 잘라야 하니 조심하세요. 칼날이 손가락에 닿지 않도록 언제나 손은 다리 모양을 만들어 주세요. 어려우면 어른에게 썰어 달라고 부탁해요.

❷ 디저트용 숟가락으로 멜론의 씨를 발라내요.

❸ 다리 세우기로 멜론을 반으로 자르고 또 반으로 잘라 네 조각으로 나눠요.

salty 짠맛

sweet 단맛

❹ 멜론은 껍질째 내어 포크와 나이프로 먹어도 좋아요. 아니면 숟가락으로 살을 발라내도 좋답니다. 다리 세우기 칼질법으로 멜론에 비스듬하게 바둑판무늬를 넣을 수도 있어요. 이때 껍질을 끝까지 자르지 말고 남겨 둬요.

❺ 접시 4개를 준비해요. 멜론을 두 조각씩 올리고 프로슈토를 그 위에 서너 쪽씩 올려요.

❻ 그림처럼 멜론 위에 프로슈토를 걸쳐 놓을 수도 있어요. 친구나 가족이 맛있게 먹을 수 있도록 예쁘게 담아 보세요. 포크와 나이프 또는 숟가락으로 먹어요.

TOMATO Bruschetta
토마토 브루스케타

4명의 전채로 충분한 양

점심으로 먹는다면 더 많이 만들어야 할지도 몰라요.

— 작은 시골빵이나 바게트 1개
— 졸졸 뿌릴 엑스트라버진 올리브기름 4큰술
— 잘 익은 플럼 토마토 8개
— 마늘 1쪽
— 갓 갈아낸 검은색 후추 (선택)
— 생바질 잎 몇 장 (선택)

브루스케타는 묵은 빵을 먹기 위해 만들어 낸 음식으로, 빵을 구운 후 여러 가지 고명을 얹어 먹어요. 가장 간단한 브루스케타는 즙이 많고 잘 익은 토마토로 만드는데, 이탈리아에서도 최고의 요리랍니다! 모차렐라 치즈, 바질, 햄이나 구운 채소를 얹어 먹어도 좋아요.

❶ 오븐을 180℃로 데워요. 날이 깔쭉깔쭉한 빵칼을 사용해 고양이 앞발 칼질법(8쪽 참조)으로 빵을 여덟 조각으로 썰어요. 빵 조각이 타원형이 되도록 살짝 어슷하게 써는 게 좋아요. 어려우면 어른에게 썰어 달라고 부탁하세요.

❷ 빵을 제과제빵팬에 올려요. 숟가락으로 올리브기름 2큰술을 빵에 졸졸 뿌려요. 빵을 완전히 적시지 못할 테니 기름을 군데군데 좀 더 뿌려 주세요.

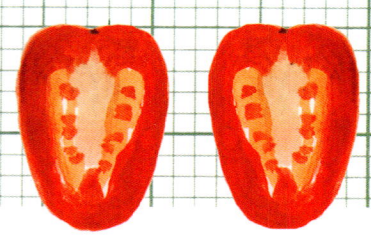
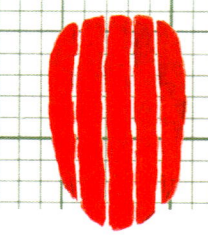
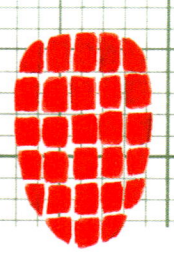

❺ 토마토 고명을 만들어요. 잘 익은 플럼 토마토를 다리 세우기 칼질법(8쪽 참조)으로 길게 반으로 가르고, 자른 면이 도마에 닿도록 뒤집어요.

❻ 다시 다리 세우기 칼질법으로 토마토를 세로로 길게 자른 뒤 고양이 앞발 칼질법으로 토마토를 잘게 썰어요. 이걸 깍둑썰기라 부른답니다. 깍둑 썬 토마토는 가로와 세로의 길이가 같은 작은 네모 모양인데, 크기가 제각각이더라도 맛은 좋으니 괜찮아요!

❸ 오븐용 장갑을 끼고 팬을 오븐에 넣어요. 10분 뒤 팬을 꺼내 빵을 조심스레 뒤집고, 다시 오븐에 넣어 10분 더 구워요.

❹ 빵이 살짝 노릇하고 바삭하게 구워졌나요? 그렇다면 팬을 오븐에서 꺼낸 다음 구운 빵을 망으로 옮겨 좀 식혀요.

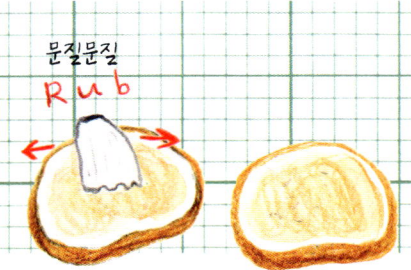

❼ 마늘의 얇은 껍질을 벗겨요. 구운 빵 조각의 양면을 마늘로 문질러요. 모든 빵에 골고루 문질러 주세요.

❽ 구운 빵을 큰 접시에 담고 토마토를 골고루 나눠 올린 뒤 남은 올리브기름을 졸졸 뿌려요. 검은색 후추나 생바질 잎을 찢어 솔솔 뿌려도 맛있답니다.

Sausage Crostini

소시지 크로스티니

크로스티니는 여러 가지 고명을 얹은 작은 토스트입니다. 소시지 속살과 탈레지오 치즈를 얹은 이 크로스티니는 이파리 채소 샐러드를 곁들이면 점심으로 맛있게 먹을 수 있어요. 탈레지오는 이탈리아 북부 지방에서 나는 부드러운 치즈로 산속 동굴에서 숙성시킨답니다. 회향 씨를 절구와 공이(7쪽 참조) 또는 밀대로 신나게 부숴 보세요.

4명의 전채로 충분한 양
- 맛있는 돼지고기 소시지 3개
- 회향 씨 1작은술
- 시골빵 8조각
- 탈레지오 치즈 125g, 잘 녹는 치즈라면 아무거나 괜찮아요.

❶ 오븐을 180℃로 데워요. 가위(7쪽 참조)로 소시지의 껍질을 자른 후 속살만 짜서 대접에 담아요.

❷ 회향 씨를 절구에 담고 공이로 갈아요. 아니면 작은 플라스틱 그릇 또는 나무 대접에 담고 밀대 끝으로 으깨도 좋아요. 으깬 회향 씨는 소시지 속살과 함께 섞어요.

❸ 치즈는 껍질을 조심스레 벗겨내고 작게 부스러트려요.

CRUSH 으깨고

Grind 갈아요

Taleggio Caves 탈레지오 치즈 동굴

❹ 소시지 속살이 담긴 대접에 치즈를 넣고 숟가락이나 포크로 잘 섞어요.

❺ 다리 세우기(8쪽 참조)로 빵을 반으로 가른 뒤 제과제빵팬(팬이 2개 필요할 수도 있어요.) 위에 올리고, 소시지를 두툼하게 잼처럼 발라요.

❻ 장갑을 끼고 제과제빵팬을 오븐에 넣어 15분 동안 구워요. 그러면 빵은 살짝 바삭하게 구워지고 다 익은 소시지와 함께 치즈가 사르르 녹아 있을 거예요.

Pizzaiola toasts
피자 가게식 토스트

여름에 전채나 가벼운 점심으로 먹기에 아주 좋은 토스트예요. 모든 걸 미리 준비해 뒀다가 숟가락으로 재료를 떠서 토스트에 올려 내기만 하면 되지요. 먹을 때 좀 지저분해질 수 있으니 빵 두 쪽 사이에 재료를 담아 샌드위치로 먹어도 좋아요.

4명의 전채로 충분한 양
- 잘 익은 단단한 토마토 2개
- 쪽파 2대
- 녹색 올리브 6개
- 생이탈리안 파슬리 2줄기
- 생오레가노 잎 몇 장
- 엑스트라버진 올리브기름 1큰술
- 흰 빵 8조각 정도 (조각이 크면 이것보다 개수가 적어도 괜찮아요.)
- 모차렐라 치즈 125g

❶ 다리 세우기 칼질법(8쪽 참조)으로 토마토를 반 가른 뒤 작은 숟가락으로 씨를 발라내요. 고양이 앞발 칼질법(8쪽 참조)으로 토마토를 세로로 길게 썬 뒤 다시 가로로 칼질해 깍둑썰기를 해요. 잘게 썬 토마토를 대접에 담아요.

❷ 고양이 앞발 칼질법으로 쪽파의 뿌리와 짙은 녹색의 이파리 끝부분을 잘라 내요. 그리고 얇게 썰어 토마토에 더해요.

❸ 밀대로 올리브를 살짝 눌러 으깬 다음 씨를 발라내요. 이렇게 해서 모든 올리브의 씨를 빼내세요.

❹ 다리 세우기 칼질법으로 올리브를 4등분한 뒤 토마토에 더해요. 파슬리와 오레가노 같은 허브의 이파리를 줄기에서 떼어 낸 뒤 가위(7쪽 참조)로 잘게 잘라요. 자른 허브의 절반과 올리브기름을 토마토와 함께 숟가락으로 잘 섞어요.

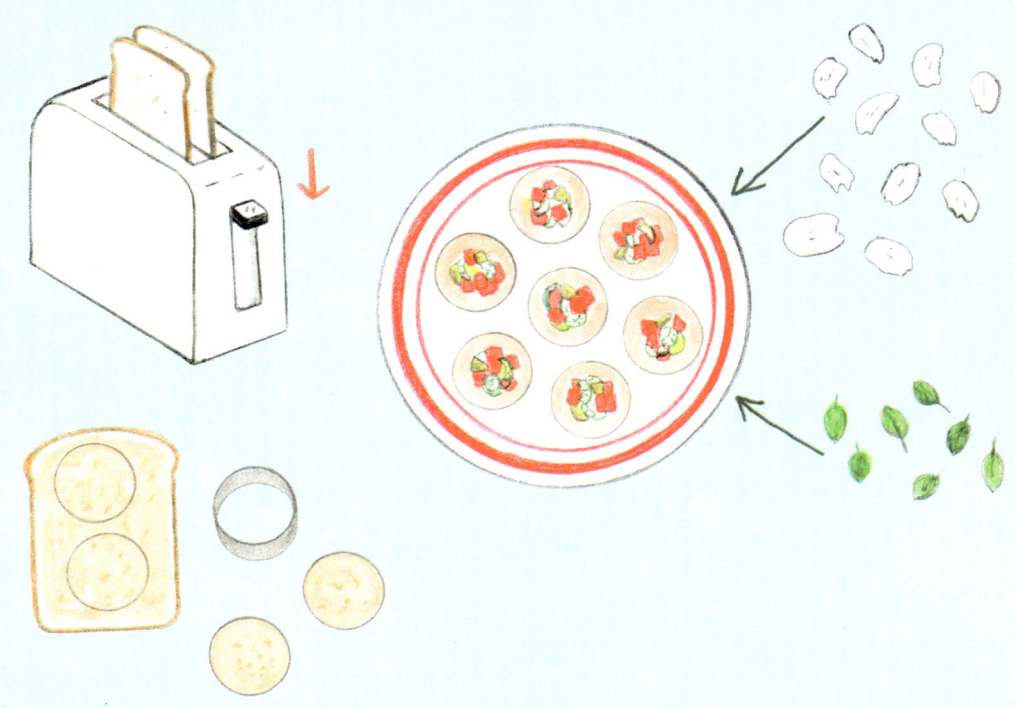

❺ 빵을 토스터에 구워요. 비스킷 틀(지름이 6cm 정도면 좋아요.)로 토스트를 둥글게 잘라 내요. 빵의 크기에 맞춰 둥근 토스트를 만드세요.

❻ 모차렐라 치즈의 물기를 짜낸 뒤 손으로 잘게 찢어요. 둥글게 자른 토스트는 큰 접시에 담아요. 토마토와 함께 버무린 재료를 토스트 위에 나눠 올리고 모차렐라를 얹어요. 남은 허브를 솔솔 뿌린 뒤 맛있게 먹어요!

Panzanella Salad
판차넬라 샐러드

4명의 전채로 충분한 양
— 집에서 구운 빵 또는 시골빵 6조각
— 레드 와인 식초 2큰술
— 아주 잘 익어 즙이 많은 토마토 4개
— 갓 갈아 낸 검은색 후추
— 바질 잎 6장
— 엑스트라버진 올리브기름 3큰술
— 올리브, 썬 오이, 빨간 양파 또는 쪽파 (선택) 어떤 것이든 샐러드에 조금씩 섞으면 맛있어요.

판차넬라는 브루스케타(14쪽참조)처럼 묵은 빵을 먹어 치우기 위해 만든 샐러드예요. 오늘날 이탈리아에서는 전통적인 판차넬라 샐러드에 올리브나 다진 오이, 붉은 양파, 쪽파를 종종 넣어서 먹어요. 먹기 몇 시간 전에 판차넬라를 만들어 두면 빵이 토마토 즙을 빨아들여서 샐러드가 한결 더 맛있어지죠. 속살의 결이 거칠고 맛있는 시골빵과 풍부한 맛을 지닌 잘 익은 토마토로 만들어요.

old stale loaf ...... becomes ...... Delicious refreshing salad!
묵은 빵이 … 신선하고 맛있는 샐러드가 … 되었어요!

❶ 빵의 껍데기를 자르거나 뜯어서 벗겨내요.

❷ 빵을 잘게 쪼개 대접에 담아요.

❸ 빵에 레드 와인 식초를 살짝 뿌려 두세요. 그러면 빵이 맛도 좋아지고 촉촉해진답니다.

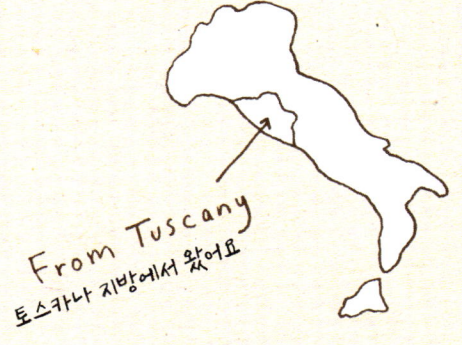

From Tuscany
토스카나 지방에서 왔어요

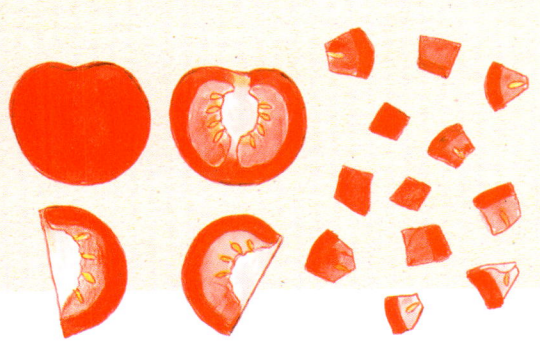

❹ 토마토를 다리 세우기와 고양이 앞발 칼질법으로 숭덩숭덩 썰어요.(8쪽 참조)

❺ 갓 갈아 낸 검은색 후추 한 자밤●을 뿌려 빵에 섞어요. 바질 잎을 찢어 빵에 솔솔 뿌리고 올리브기름도 졸졸 끼얹어요.

❻ 토마토와 다른 좋아하는 재료들을 넣고 포크 2개나 큰 숟가락으로 모든 재료가 잘 섞이도록 버무려요. 맛이 잘 어우러질 수 있게 몇 시간 두었다가 먹으면 더 맛있답니다.

● 두 손가락 끝을 모아서 나물이나 양념을 집었을 때, 그 분량을 말하는 단위예요. —옮긴이

Mozzarella

모차렐라 치즈와 토마토 샐러드

Italian flag
이탈리아 국기

이 간단한 샐러드는 맛있을 뿐만 아니라 빵을 곁들여 국물에 적셔 먹기에도 좋아요. 맨 처음 이탈리아 남부의 카프리섬에서 먹기 시작한 레시피죠. 피자가 생겨난 곳과 같은 지역이에요. 토마토와 모차렐라 치즈, 바질은 이탈리아 전통 피자의 고명으로 많이 쓰인답니다. 진짜 잘 익은 토마토를 써야 맛있으니 잘 골라야 해요. 진한 빨간색에 토마토 향기를 솔솔 풍기죠! 토마토를 썰 때 모양이나 두께가 고르지 않아도 아무 문제없어요. 어떻게 썰든 맛있거든요. 계속 익어 맛이 좋아지도록 토마토는 냉장고에 넣지 말고 실온 보관하세요.

4명의 전채로 충분한 양
— 잘 익은 토마토 4개
— 모차렐라 치즈 250g
— 생바질 잎 8장
— 엑스트라버진 올리브기름 2큰술

❶ 잘 익은 토마토를 다리 세우기 칼질법(8쪽 참조)으로 썰어요. 아주 얇게 써는 게 좋지만 두께가 고르지 않아도 괜찮아요. 아니면 먼저 다리 세우기로 토마토를 반으로 가른 다음, 자른 면이 도마에 닿도록 올려놓고 고양이 앞발 칼질법으로 얇게 써는 방법도 있어요. 이렇게 하면 반달 모양으로 썰 수 있답니다.

❷ 모차렐라 치즈를 국물에서 꺼내요.(이 국물은 치즈가 신선함을 잃지 않도록 도와줘요.) 그런 다음 손으로 예쁘게 찢어 주세요. 모차렐라가 부드럽다면 꽃잎처럼 얇게 벗겨 낼 수도 있어요.

❸ 빨간색과 하얀색이 잘 어우러지도록 접시에 토마토와 치즈를 예쁘게 담아요. 바질 잎을 찢어 솔솔 뿌린 뒤 올리브기름을 졸졸 끼얹어요. 먹기 전까지 차갑게 두세요.

and tomato salad

Summer Cannellini bean Salad

여름 카넬리니콩 샐러드

카넬리니라는 흰 강낭콩은 이탈리아 토스카나 지방에서 많이 먹어요. 토스카나 사람들을 만지아-파졸리 mangia-fagioli, 즉 '콩을 먹는 사람들'이라 부르기도 한답니다. 카넬리니콩 샐러드는 여름에 가벼운 점심으로 먹기 좋고, 닭고기나 소시지 요리에 곁들여도 맛있어요. 점심 도시락 메뉴로도 그만이랍니다. 채소를 깍둑썰기 해야 하므로 작은 칼로 써는 연습을 하는 데 좋아요.

4명의 전채로 충분한 양
— 가지 1개
— 마늘 1쪽
— 노란색 파프리카 1개
— 레몬 1개
— 잘 익은 토마토 2개
— 엑스트라버진 올리브기름 2큰술
— 통조림 카넬리니콩● 400g, 물기 빼고 헹궈요.
— 생바질 잎 4장
— 생이탈리안 파슬리 1줄기

통조림 카넬리니콩

❶ 가지를 깍둑 썰어요. 다리 세우기 칼질법(8쪽 참조)으로 가지를 가로로 반 가른 뒤 세로로 다시 반을 갈라요. 이렇게 네 조각으로 자른 가지는 평평한 면이 도마에 닿도록 올려놓고 다리 세우기로 각각 길게 썰어요. 그런 다음 고양이 앞발 칼질법(8쪽 참조)으로 가지를 잘게 썰어요.

❷ 가지와 같은 방법으로 파프리카를 깍둑 썰어요. 반으로 갈라 씨와 흰 부분을 제거한 다음, 길쭉하게 썬 뒤 잘게 썰어요.

   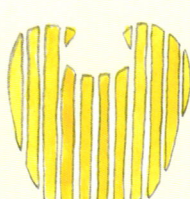 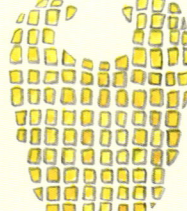

❸ 토마토도 똑같이 깍둑 썰어요. 반으로 가른 뒤 자른 면이 도마에 닿도록 올려놓고 길게 썬 뒤 잘게 썰어요.

● 인터넷 식품점에서 구입하거나, 흰 강낭콩을 15분 삶아 대신할 수 있어요.—옮긴이

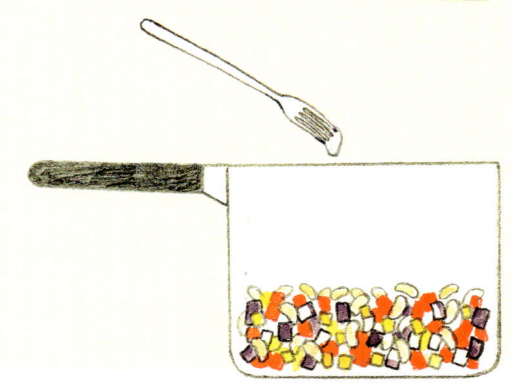

❹ 마늘은 얇은 속껍질을 벗겨요. 바닥이 두툼한 소스팬에 올리브기름을 넣고 마늘, 가지, 파프리카를 더해 약한 불에서 파프리카가 살짝 부드러워질 때까지 익혀요. 가끔 뒤적이며 10분가량 볶아요.

❺ 토마토와 콩을 넣고 뚜껑을 잠시 덮어 두세요. 가끔 뒤적이며 15분 정도 아주 살포시 익혀요.

❻ 불을 끄고 팬을 내린 뒤 포크로 마늘을 건져서 버려요.

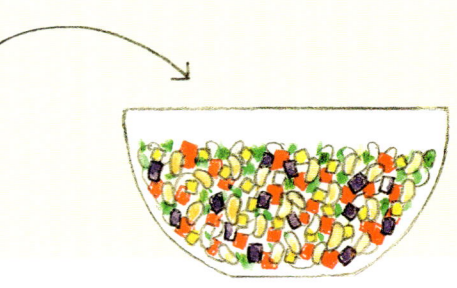

❼ 레몬의 노란 겉껍질만 조심스럽게 갈아 주세요. 이때 손가락을 다치지 않도록 조심해요.(9쪽 참조) 노란 겉껍질 밑의 흰 속껍질은 갈지 마세요. 맛이 쓰거든요!

❽ 바질 잎은 손으로 잘게 찢고, 파슬리 잎은 가위로 잘라요.(7쪽 참조)

❾ 콩과 채소를 큰 대접에 담아요. 갈아 낸 레몬 겉껍질과 허브를 솔솔 뿌리고 다 함께 섞어 먹어요. 따뜻해도 맛있고 차가워도 맛있답니다.

Tuna and bean Salad

참치와 콩 샐러드

4명의 전채로 충분한 양
- 작은 서양 대파 또는 쪽파 1대
- 잘 익은 토마토 1개
- 작은 양상추 또는 에스카롤 1통
- 작은 참치 스테이크 4조각 (또는 기름에 담긴 통조림 참치 185g짜리 2통, 살코기만 건져요.)
- 통조림 카넬리니콩 400g, 물기 빼고 헹궈요.
- 올리브기름 2큰술   — 생바질 잎 10장
- 마늘 1쪽   — 잣 40g

생참치 대신 통조림 참치로도 샐러드를 만들 수 있어요. 채소는 냉장고에 있는 것이든 텃밭에서 기르는 것이든 아무거나 좋아요. 마늘을 대접에 문지르고 아작아작 씹히는 잣과 향긋한 바질 잎을 더하면 진짜 맛있는 샐러드가 되지요. 레몬즙을 조금 끼얹어도 좋답니다. 그래서 샐러드가 최고예요. 재료를 바꿔 나만의 음식을 만들 수 있거든요!

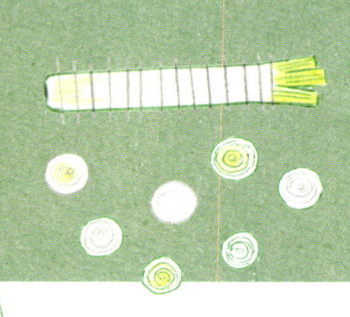

❶ 서양 대파나 쪽파의 끝을 잘라 내고 고양이 앞발 칼질법(8쪽 참조)으로 얇게 썰어요.

❷ 다리 세우기 칼질법으로 토마토를 반으로 가르고 작은 숟가락으로 씨를 파내요.

❸ 반 가른 토마토를 고양이 앞발 칼질법으로 얇게 썰어요.

❺ 참치 스테이크를 구울 때는 어른의 도움이 필요해요.(통조림 참치를 쓴다면 바로 6단계로 가세요.) 무쇠팬이나 프라이팬을 달궈 기름을 살짝 바른 참치를 올려요.

❻ 2분 동안 구운 뒤 집게로 뒤집어 2분을 더 구워요. 참치 스테이크 속에 분홍색이 남도록 굽는답니다. 물론 좀 더 익혀도 좋아요.

❼ 마늘을 반 갈라 샐러드 대접에 문질러요. 바질 잎을 찢어 대접에 잣과 함께 담아요. 올리브기름을 잣과 허브 위에 졸졸 뿌리고 숟가락으로 잘 섞어요.

잣

통조림 카넬리니콩

❹ 양상추나 에스카롤은 찢거나 고양이 앞발 칼질법으로 가늘게 채를 썰어요.

❽ 콩, 서양 대파나 쪽파, 토마토, 양상추 또는 에스카롤을 한데 담아 살포시 섞어요.

❾ 통조림 참치를 쓴다면 숭덩숭덩 부숴 콩과 함께 섞어요. 생참치를 쓴다면 구워서 샐러드를 곁들여 내거나 다리 세우기 칼질법으로 썰어 샐러드에 섞어요.

Tuscan Minestrone Soup
토스카나식 미네스트로네 수프

4명의 전채로 충분한 양

- 서양 대파 2대
- 당근 1개
- 셀러리 줄기 1대
- 애호박 1개
- 길쭉한 쌀 80g
- 파르미지아노 치즈 25g
- 생로즈마리 1줄기
- 생이탈리안 파슬리 2줄기
- 통조림 다진 토마토 400g
- 올리브기름 2큰술, 다 끓인 수프 위에 졸졸 뿌리기 위해 좀 더 필요해요.
- 통조림 카넬리니콩 400g, 국물을 따라 내고 헹궈요.
- 채소 육수 또는 물 1L (육수를 우려 쓸 수 없다면 좋은 채소 육수 가루를 써도 괜찮아요.)

❶ 다리 세우기와 고양이 앞발 칼질법(8쪽 참조)으로 서양 대파의 뿌리와 짙은 녹색의 이파리 끝부분을 잘라 버리고 잘게 썰어요. 그런 다음 당근, 셀러리, 애호박을 폭으로 절반, 길이로 절반을 썰어요. 각각을 가늘고 길게 썬 뒤 고양이 앞발 칼질법으로 당근, 셀러리, 애호박을 서양 대파처럼 잘게 썰어요.

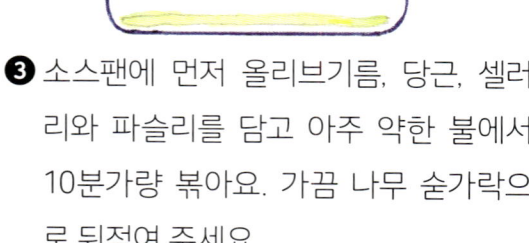

❸ 소스팬에 먼저 올리브기름, 당근, 셀러리와 파슬리를 담고 아주 약한 불에서 10분가량 볶아요. 가끔 나무 숟가락으로 뒤적여 주세요.

❹ 애호박과 서양 대파, 다진 토마토를 더해 가끔 저어 주면서 10분 더 끓여요.

❺ 생로즈마리 잎을 따서 넣고, 콩과 육수도 함께 넣어서 끓여요.

미네스트로네는 이탈리아에서 인기 많은 채소 수프예요. 종종 콩, 쌀, 파스타도 함께 넣어 끓인답니다. 미네스트로네 수프에 어울리도록 잘게 썰기만 한다면 어떤 채소를 넣어도 좋아요. 갈아 낸 파르미지아노 치즈를 솔솔, 올리브기름을 졸졸 뿌리면 점심 또는 저녁 식사로 정말 맛있게 먹을 수 있어요. 치즈를 갈 때 다치지 않도록 손가락이 강판에 닿지 않게 조심하세요!

❷ 가위(7쪽 참조)로 파슬리 잎을 잘게 잘라요.

❻ 쌀을 넣고 익을 때까지 15~20분간 더 끓여요. 숟가락으로 쌀을 조금 떠서 먹어 보고 다 익었는지 확인해 봐요. 뜨거우니 조심하세요! 부드럽지만 가운데는 살짝 씹히도록 익혀야 맛있답니다.

❼ 어른의 도움을 받아 수프 절반을 조심스레 떠서 푸드 프로세서나 블렌더에 담은 후 덩어리 없이 부드러워질 때까지 갈아요. 그리고 다시 팬에 부어 잘 섞어요.

❽ 파르미지아노 치즈를 조심스레 갈아(9쪽 참조) 솔솔 뿌려요. 올리브기름 약간을 졸졸 뿌려 마무리합니다.

Tuna frittata and green beans with tomato

깍지콩과 토마토를 곁들인 참치 프리타타

4명의 전채로 충분한 양	**프리타타:**		**깍지콩과 토마토:**	
	— 쪽파 1대	— 통조림 참치 185g, 기름을 따라 버려요.	— 쪽파 1대	— 엑스트라버진 올리브기름 1큰술
	— 자유 방목 달걀 6개		— 깍지콩 600g	— 통조림 다진 토마토 400g
	— 생이탈리안 파슬리 1줄기		— 녹색 올리브 6개	— 생바질 잎 6장
	— 버터 25g		— 마늘 1쪽	— 갓 갈아 낸 검은색 후추

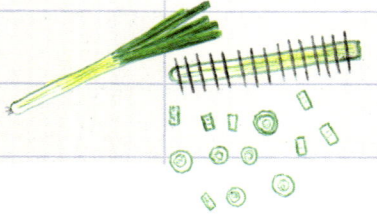   

❶ 다리 세우기와 고양이 앞발 칼질법(8쪽 참조)으로 쪽파의 뿌리와 짙은 녹색 이파리 끝부분을 잘라 낸 뒤 얇게 썰어요.

❷ 달걀을 깨뜨려 대접에 담고(9쪽 참조) 포크로 저어 가볍게 풀어요. 가위로 파슬리 잎을 잘게 잘라 달걀에 더해요. 브로일러*를 센 불로 켜요.

❸ 프라이팬에 버터를 녹이고 쪽파를 중불에서 부드러워질 때까지 5분 남짓 볶아요. 여기에 참치를 더해 살포시 섞어요.

❶ 깍지콩과 토마토를 만들어요. 다리 세우기와 고양이 앞발 칼질법(8쪽 참조)으로 쪽파의 뿌리와 짙은 녹색 이파리 끝부분을 잘라 낸 뒤 얇게 썰어요. 깍지콩은 양끝을 잘라 내고 다듬어요.

❷ 밀대로 올리브를 한 개씩 조심스레 살짝 으깨 씨를 발라내요.

❸ 팬에 물을 반만 채워요. 깍지콩을 찜기나 체에 담아 물이 담긴 팬 위에 올려요. 뚜껑을 덮고 물이 끓으면 깍지콩을 3~4분 동안 익힌 뒤 불에서 내려요.

* 브로일러는 가스레인지와 반대로 가스불 또는 전기 열선이 위에서 내리쬐며 재료를 익히는 조리기구예요. —옮긴이

프리타타는 오믈렛의 한 종류예요. 따뜻하게 또는 차게 먹어도 맛있어서 점심이나 소풍 음식으로 좋답니다. 프리타타를 처음 만든다면 샐러드와 같이 먹는 게 좋을 수도 있지만, 여러 번 만들어 자신 있다면 깍지콩과 토마토를 곁들이는 것도 좋아요. 또한 참치 대신 다진 햄이나 부스러트린 치즈 같은 다른 재료를 넣어도 맛있어요. 이 레시피의 두 음식을 모두 만든다면 깍지콩과 토마토를 먼저 만들어 두고 프리타타를 만들어요.

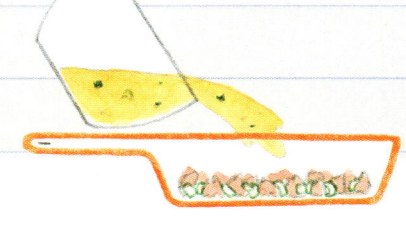 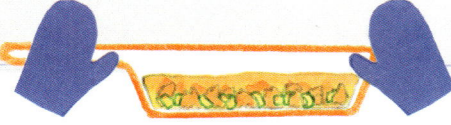

❹ 불을 살짝 줄이고 달걀을 참치와 쪽파에 부어요. 달걀이 잘 익도록 팬을 몇 차례 휘휘 돌린 뒤 프리타타의 바닥이 익을 때까지 2~3분 동안 그대로 두어요.

❺ 오븐용 장갑을 끼고 팬을 브로일러 밑에, 달걀이 속까지 다 익고 겉은 노릇해질 때까지 2~3분 동안 두어요. 깍지콩과 토마토를 곁들여요.

 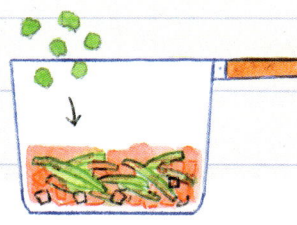

❹ 올리브기름과 쪽파, 마늘을 소스팬에 담아 가끔 뒤적이며 5분 동안 볶아요.

❺ 포크로 마늘을 건져 내요. 여기에 깍지콩, 다진 토마토, 올리브를 더하고 갓 갈아 낸 후추를 약간 뿌려요.

❻ 바질 잎을 조각조각 찢어 넣은 뒤 약한 불에서 2~3분간 더 보글보글 끓여요.

Pizza Dough

피자 반죽

큰 피자 2개 분량

반죽: — 강력분 또는 이탈리아 00(도피오 제로) 밀가루 225g, 작업대에 두를 만큼 따로 필요해요.
— 활성 건조 효모 7g짜리 1봉지
— 올리브기름 2큰술, 제과제빵팬에 바를 것 따로 준비하세요.

피자는 이탈리아에서 몇백 년 동안 인기를 누렸고, 이제 전 세계를 무대로 인기를 얻고 있어요. 반죽을 만들 수 있다면 다양한 고명을 올려 맛있는 피자를 구워 먹을 수 있답니다. 고명에 대해서는 36~37쪽을 보세요.

❶ 따뜻한 물 150ml가 필요해요. 계량컵에 찬물 75ml를 담은 뒤 뜨거운 물 75ml를 더해요. 손가락을 담가 온도를 확인해요. 따뜻하다는 느낌이 들면 된답니다.

❷ 밀가루를 체로 내려 아주 큰 대접에 담아요. 효모를 그 위에 솔솔 뿌려요.

❸ 대접에 담은 밀가루 한가운데에 바닥이 보일 만큼 우물을, 즉 큰 구멍을 파요. 거기에 따뜻한 물과 올리브기름을 부어요.

GROWS 커져요

❻ 대접을 헹궈 물기를 닦아 내요. 반죽을 큰 공 모양으로 빚어 대접에 담고 깨끗한 행주로 덮어 두세요. 두 배로 커질 때까지 따뜻한 곳에 1시간가량 두어요. 커지는 반죽을 보면 재미있어요!

❼ 페이스트리 붓으로 커다란 제과제빵팬 2개에 기름을 살짝 바르거나 유산지를 팬에 맞는 크기로 잘라서 깔아요.

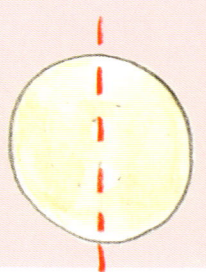

❽ 작업대에 밀가루를 살짝 두르세요. 대접에서 반죽을 꺼내 작업대에 올려놓고 나이프로 반 갈라요.

00밀가루

밀가루

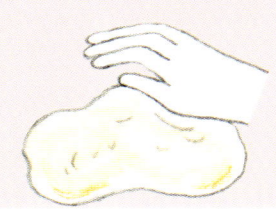

❹ 나무 주걱으로 잘 섞어 부드러운 반죽을 만들어요.

❺ 작업대에 밀가루를 살짝 두르고 반죽을 올려요. 손바닥으로 반죽을 밀고 손가락으로 당기면서 주물러요. 반죽이 커다란 고무처럼 잘 늘어날 때까지 5분 남짓 반죽해요.

❾ 반으로 나눈 반죽을 손과 밀대로 납작하게 누른 뒤 큰 접시만 한 크기로 둥글게 모양을 만들어요. 두께는 5mm 정도가 좋아요. 반죽 2개를 똑같이 밀고 빚어요.

❿ 납작하고 둥근 피자 반죽을 팬에 올려요. 혼자하기 어려우면 어른에게 도움을 청하세요! 이제 고명을 올릴 차례랍니다.

덧말 | 이탈리아 사람들은 밀가루를 체로 내려 대접에 담는 것보다 작업대에 바로 내리는 걸 더 좋아해요. 부엌이 지저분해질 수 있지만 밀가루를 대접에 담아 반죽을 잘 만들어 봤다면 한번 도전해 보세요!

이탈리아에 왕과 왕비가 있던 시절인 1889년, 마르게리타 여왕은 요리사에게 피자를 구워 달라고 부탁했어요. 요리사는 이탈리아 국기의 색깔과 같은 빨간색 토마토, 흰색 모차렐라 치즈, 녹색 바질을 썼답니다.

마르게리타 피자를 다 구운 다음 파르미지아노 치즈를 솔솔 뿌려 먹어도 맛있어요. 정통 방식은 아니지만 맛있으니까 괜찮아요! 나폴리에서 태어난 나폴리식 피자도 이탈리가 전통의 고명을 올려 구워요. 소시지 피자는 마르게리타 피자나 나폴리식 피자만큼 전통적이지는 않지만, 이 피자에 고명으로 올리는 소금에 절인 삼겹살인 판체타와 소시지는 로즈마리와 함께 먹으면 정말 맛있지요.

잘 익은 생토마토가 없다면 맛있는 토마토 퓌레를 갈아 체에 내린 파사타를 써도 훌륭할 거예요!

Pizza Margherita 마르게리타 피자

Queen Margherita 마르게리타 여왕

큰 피자 2개 분량
- 피자 반죽 2개(34쪽 참조)
- 토마토 파사타 4~5큰술
- 잘 익은 토마토 4개
- 모차렐라 치즈 150g
- 생바질 잎 6장, 따로 약간 더 필요해요.
- 갓 갈아 낸 파르미지아노 치즈 한 줌(선택)

❶ 오븐을 200℃로 데워요. 피자 반죽 2개에 각각 숟가락의 등으로 파사타 2~3큰술을 잘 펴 발라요. 다리 세우기 칼질법(8쪽 참조)으로 토마토를 반으로 가른 뒤 고양이 앞발 칼질법(8쪽 참조)으로 얇게 썰어요. 썬 토마토를 피자 반죽 위에 고르게 올려요.

❷ 모차렐라 치즈를 조각조각 찢어 토마토 위에 올리세요. 바질 잎도 찢어 그 위에 흩뿌려요. 이제 피자를 구울 차례랍니다! 장갑을 끼고 반죽이 담긴 팬을 오븐에 넣어요. 반죽이 노릇하게 잘 익을 때까지 15~20분간 구워요. 바질 잎을 몇 장 더 찢어 올린 뒤 먹어요.

Pizza Napoletana
나폴리식 피자

큰 피자 2개 분량
— 피자 반죽 2개(34쪽 참조)
— 토마토 파사타 4~5큰술
— 잘 익은 토마토 4개
— 모차렐라 치즈 150g
— 통조림 안초비 살 8쪽, 국물에서 건져요.
— 말린 오레가노 한 자밤

❶ 오븐을 200℃로 데워요. 마르게리타 피자 레시피의 1단계를 따라한 뒤 모차렐라 치즈를 조각조각 찢어 토마토 위에 흩뿌려요.

❷ 짭짤한 맛 덕분에 안초비는 이 피자의 중요한 재료예요. 하지만 처음 먹는다면 절반 분량만 써도 괜찮아요. 먼저 안초비를 잘게 찢어 피자 위에 흩뿌린 뒤 오레가노를 솔솔 뿌려요. 굽는 방법은 마르게리타 피자 레시피의 2단계를 따라 하세요.

Sausage Pizza
소시지 피자

큰 피자 2개 분량
— 피자 반죽 2개(34쪽 참조)
— 맛있는 소시지 200g
— 페코리노 치즈 50g
— 갓 갈아 낸 후추
— 토마토 파사타 4~5큰술
— 잘 익은 토마토 4개
— 얇게 썰거나 깍둑 썬 판체타 100g
— 생로즈마리 1줄기와 생바질 잎 몇 장

❶ 오븐을 200℃로 데워요. 가위(7쪽 참조)로 소시지의 껍질을 자른 뒤 속살을 발라 대접에 담아요. 강판에 손가락이 닿지 않도록 조심하면서 페코리노 치즈를 갈아요. (9쪽 참조) 간 치즈를 더하고 후추를 약간 뿌린 뒤 숟가락으로 섞어요.

❷ 마르게리타 피자 레시피의 1단계를 따라한 뒤 소시지를 토마토 위에 점점이 올려요. 판체타가 깍둑썰기 되어 있지 않다면 가위로 잘게 잘라 피자에 올려요. 로즈마리에서 잎만 따내고 바질 잎은 손으로 찢어 피자 위에 솔솔 뿌려요. 마르게리타 피자 레시피의 2단계를 따라 구워요.

pasta 파스타

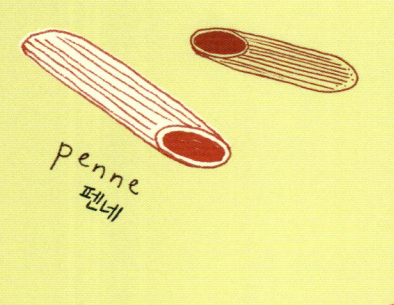
Penne 펜네

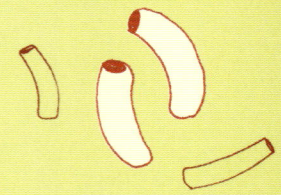
macaroni 마카로니

conchiglie 콘킬리에

ravioli 라비올리

파스타는 이탈리아 사람들의 주식이에요. 주로 크고 우묵하면서 뚜껑이 딸린 소스팬으로 파스타를 만들어요. 면을 삶으면 부피가 커질뿐더러 뒤적거릴 공간이 충분히 있어야 하기 때문에 큰 팬이 필요해요. 팬이 크지 않으면 불에 닿는 바닥 부분이 나머지보다 더 빨리 익어요. 요즘 사람들이 쓰는 파스타 팬 중에는 다 익은 면을 빠르고 편하게 건질 수 있도록 안쪽에 체가 딸린 것도 있지요.

cappelletti 카펠레티

farfalle 파르팔레

파스타는 크기와 모양이 다양한 만큼 이름도 다채로워요. 짧은 파스타로는 '작은 모자'라는 뜻의 이름인 카펠레티나 '나비'라는 뜻의 파르팔레가 있고, 긴 파스타로는 '작은 혀'라는 뜻의 링귀니나 '가는 머리칼'이라는 뜻의 카펠리니가 있어요. 특히 카펠리니는 가장 가늘고 얇은 파스타랍니다. 얼마나 다양한 파스타가 있을까요? 얼마나 많은 종류의 파스타를 맛보았나요?

linguine 링귀니

cappellini 카펠리니

파스타는 빠르고 쉽게 익힐 수 있으니 급할 때 최고의 음식이랍니다. 파스타의 종류는 크게 생면과 건면으로 나눌 수 있어요. 생면은 밀가루와 달걀(40쪽 참조)로 만들고 며칠 안에 먹어야 해요. 건면은 밀가루와 물로만 만들며 몇 달 동안 두고 먹을 수 있지요.

이탈리아에서는 파스타를 아주 중요하게 생각해요. 그리고 절대 많이 익히지 않는답니다. 보통 완전히 부드럽지 않고 가운데에 심이 살짝 남아 있도록 삶아요. 이렇게 삶는 것을 '씹히는'이라는 뜻의 '알 덴테 al dente'라고 부르죠.

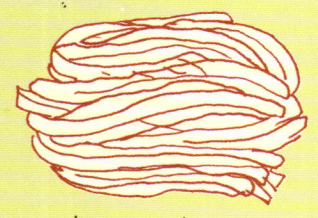
tagliatelle 탈리아텔레

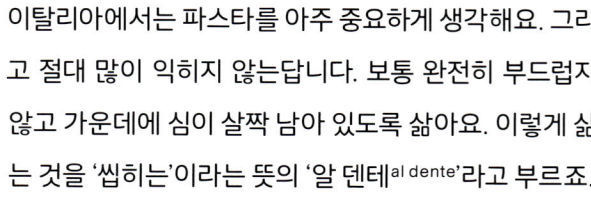
fusilli 푸실리

Rigatoni 리가토니

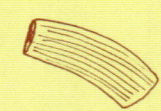
lumache 루마케

How to cook dried pasta
건조 파스타 삶는 법

❶ 가장 큰 소스팬에 물을 ⅔ 정도 채워요. 물을 채운 소스팬을 불에 올려야 하는데 무거우면 어른의 도움을 받아요. 센 불에 물을 끓이세요.

❷ 파스타를 넣고 잘 저어요. 달라붙지 않도록 긴 손잡이가 달린 국자로 가끔 저어 주세요. 많이 삶아 푹 퍼지는 것보다 살짝 덜 삶는 게 좋으니 포장지에 적힌 시간보다 1분 빨리 건져요. 파스타 한 가닥을 포크로 집어 조금 식힌 다음 먹어 보고 잘 익었는지 확인해요. 익었지만 속에 심이 살짝 남아 있어야 한답니다.

❸ 무거우면 어른의 도움을 받아 삶은 파스타를 체에 내려 건져요. 좋아하는 소스에 버무려 바로 먹어요.

Fresh Pasta dough

생파스타 반죽

4명에게 충분한 양
— 이탈리아 00 (도피오 제로) 밀가루 200g (또는 강력분)
— 자유 방목 대란 2개

달걀과 밀가루만으로 생파스타를 만들 수 있어요. 이탈리아에서는 아주 고운 00(0이 두 개라 '도피오 제로') 밀가루가 매끈한 반죽을 만들 수 있어서 생파스타에 가장 잘 어울린다고 생각해요. 00 밀가루를 찾을 수 없다면 빵을 만들 때 쓰는 강력분도 괜찮아요. 한편 자유롭게 움직이며 풀과 옥수수를 먹으면서 자란 암탉의 달걀을 써야 생파스타가 맛있답니다. 이탈리아에서는 파스타 반죽을 작업대나 식탁에서 만들지만 처음에는 대접에다 만드는 게 좋아요. 익숙해지고 자신이 생기면 이탈리아식으로 만들 수 있을 거예요. 금방 만든 생파스타는 이 책에서 소개하는 토마토 소스(46쪽)부터 페스토(50쪽)까지 다양한 소스와 아주 잘 어울리지요.

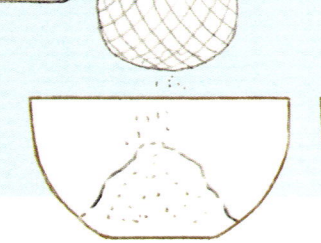 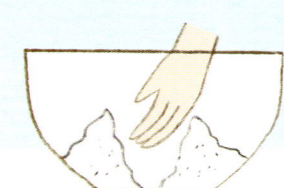 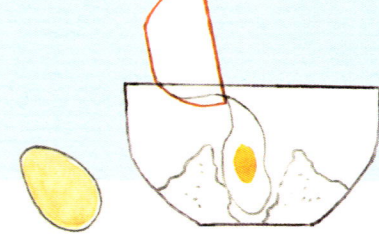 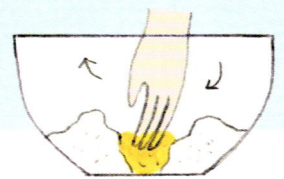 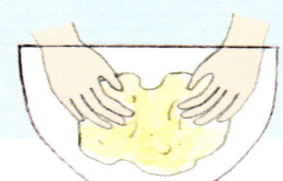

❶ 큰 대접에 밀가루를 체로 내려 담아요. 파스타 반죽에 자신 있다면 깨끗한 작업대에서 바로 시작해도 좋아요. 밀가루의 가운데에 작은 우물을 만들어요. 바닥이 보일 정도로 깊이 구멍을 파는 거예요.

❷ 달걀을 깨뜨려 대접에 담은 뒤(9쪽 참조) 우물에 부어요. 손가락 끝을 숟가락처럼 오므려 노른자와 흰자를 섞으세요. 천천히 손가락을 움직이면 달걀과 밀가루가 잘 섞일 거예요.

❸ 이제 두 손으로 밀가루와 달걀을 한데 뭉쳐 둥글게 반죽해요. 반죽이 잘 뭉쳐지지 않으면 손에 물을 적신 다음 계속 반죽해 보세요.

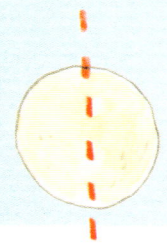 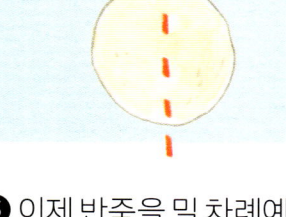  

❻ 이제 반죽을 밀 차례예요. 작은 덩어리를 미는 게 편하니 반죽을 일단 두 덩어리로 갈라요. 둘 중 하나는 마르지 않도록 축축한 행주로 덮어 두고 나머지 반쪽을 밀대로 밀어요. 작업대와 밀대에 밀가루를 조금씩 뿌려 주세요. 작업대에 달라붙지 않도록 반죽을 돌려 가며 밀어요. 반죽을 미는 방향을 바꿀 때마다 반죽 아래에 밀가루를 조금 뿌려 주면 좋답니다. 반죽이 A4 종이 크기만큼 늘어날 때까지 밀어요. 얇으면 얇을수록 좋아요. 파스타 제조기를 사용하면 더 편하게 반죽을 밀 수 있지요.

00 밀가루

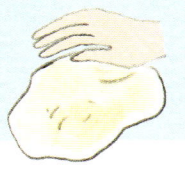 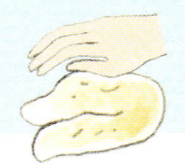 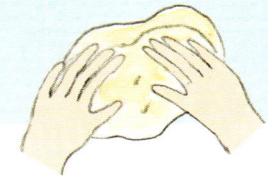 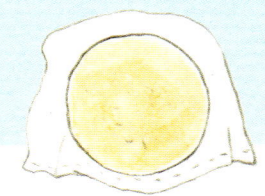

❹ 이제 본격적으로 반죽을 할 차례예요. 깨끗한 작업대에 밀가루를 살짝 두르고 손바닥으로 반죽을 꾹꾹 눌러 펼쳐 주세요. 그런 다음 반을 접어 겹치고 다시 눌러서 반죽해요. 반죽이 매끈해질 때까지 이 작업을 되풀이하는데, 팔이 너무 아프고 힘들면 다른 사람에게 부탁해요. 매끈하고 잘 늘어나는 반죽이 되려면 15분가량 걸린답니다. 너무 일찍 반죽을 멈추면 밀 때 찢어질 수 있어요.

❺ 반죽과 함께 좀 쉬어요. 깨끗한 행주에 물을 축여 반죽을 덮은 후 30분에서 1시간 정도 부엌에 두세요.

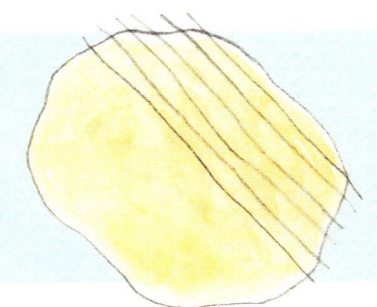

❼ 작고 날카로운 칼로 생파스타를 잘라요. 폭이 5mm쯤 되게 자르면 띠 모양의 탈리아텔레가 된답니다. 똑바로 썰지 않아도 맛있을 테니 괜찮아요.

❽ 큰 팬에 물을 ¾ 정도 담고 끓여요. 생파스타를 조심스레 넣고 익을 때까지 3~4분만 삶아요. 파스타는 부드러우면서 날달걀 맛이 나지 않아야 해요. 삶은 파스타를 체에 내릴 때는 어른에게 도움을 청해요.

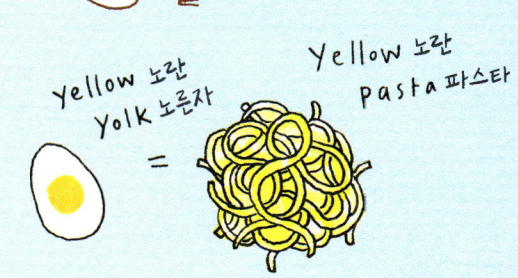
Yellow 노란 Yolk 노른자 = Yellow 노란 Pasta 파스타

Ravioli Napoletana

나폴리식 라비올리

라비올리는 작은 베개처럼 생긴 파스타예요. 여러 가지 재료로 속을 채울 수 있죠. 이 레시피로 연습한 뒤에는 삶은 호박이나 리코타 치즈 같은 재료를 채워 만들 수 있어요.

4명에게 충분한 양
— 토마토 소스 1레시피 분량(46쪽 참조)

생파스타 반죽:
— 이탈리아 00(도피오 제로) 밀가루 300g 또는 강력분
— 자유 방목 대란 3개

라비올리 소:
— 리코타 치즈 100g   — 모차렐라 치즈 100g
— 익힌 햄 100g   — 파르미지아노 치즈 100g
— 자유 방목 달걀 1개
— 생이탈리안 파슬리 1줄기

❶ 46~47쪽에 나오는 1~5단계를 따라 토마토 소스를 만들어 두어요. 삶은 라비올리에 끼얹어 먹을 거예요.

❷ 40~41쪽의 기본 레시피를 따라 파스타 반죽을 만들어요. 밀가루와 달걀을 좀 더 쓰지만 반죽을 만드는 방법은 같아요. 반죽을 축축한 행주로 덮어 30분 동안 두어요.

❸ 소를 만들어요. 리코타 치즈를 대접에 담아 나무 주걱으로 부스러트려요. 햄은 가위로 잘게 자르고(7쪽 참조) 리코타 치즈에 더해요.

❼ 큰 팬에 물을 ¾ 정도 채우고 끓여요. 그리고 파스타를 만들자마자 또 삶을 수 있도록 계속 보글보글 끓여요.

❽ 파스타 반죽을 반으로 갈라 반쪽은 축축한 행주로 덮어 두세요. 파스타를 미는 동안 쓰지 않는 반죽은 언제나 촉촉하게 해주는 게 좋답니다. 반죽의 나머지 절반은 A4 종이 크기만큼 늘어날 때까지 밀대로 밀어요. 얇으면 얇을수록 좋아요.

❾ 비스킷 틀이나 유리잔으로 반죽을 둥글게 따내요. 한쪽 끝에서 시작해 반대편으로 오면서 동그란 모양을 최대한 많이 따내는 게 좋아요. 이때 빨리 따내야 반죽이 마르지 않아요. 개수는 짝수로 맞춰 주세요. 16장이면 충분할 거예요.

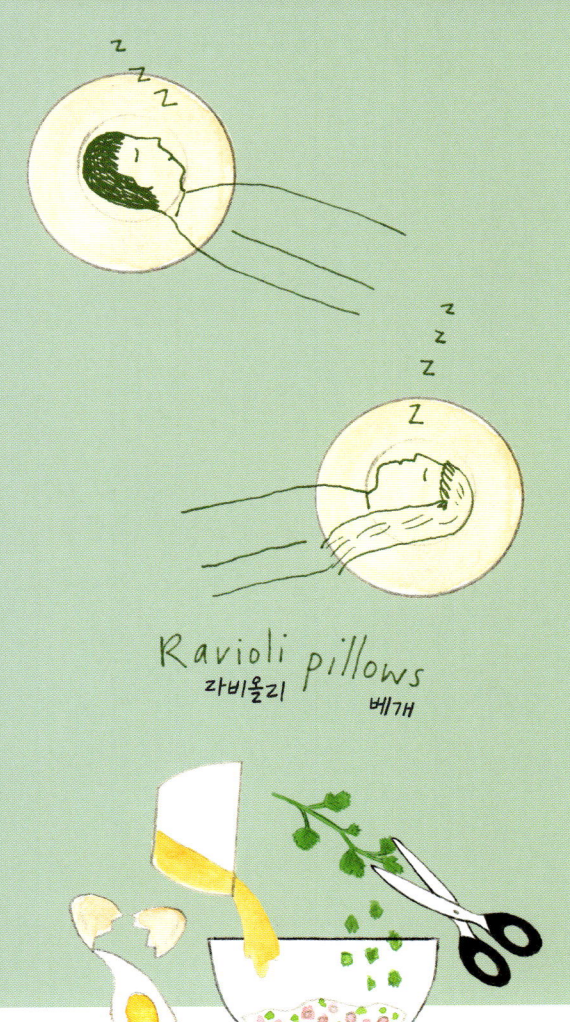

Ravioli pillows
라비올리 베개

❹ 가위로 파슬리 이파리를 잘게 잘라 리코타 치즈에 더해요. 달걀을 깨뜨려 작은 대접에 담고(7쪽 참조) 포크로 휘저어 풀어 준 다음 치즈에 섞어요.

❺ 국물에 담긴 모차렐라 치즈를 건져 잘게 찢은 뒤 리코타 치즈에 더해요.

❻ 강판에 손가락이 닿지 않도록 조심하면서 파르미지아노 치즈를 갈아요.(9쪽 참조) 갈아 낸 치즈 가루를 리코타 치즈 섞은 것에 더해요. 모든 재료를 잘 섞은 다음 그릇을 랩으로 씌운 후 냉장고에 두세요.

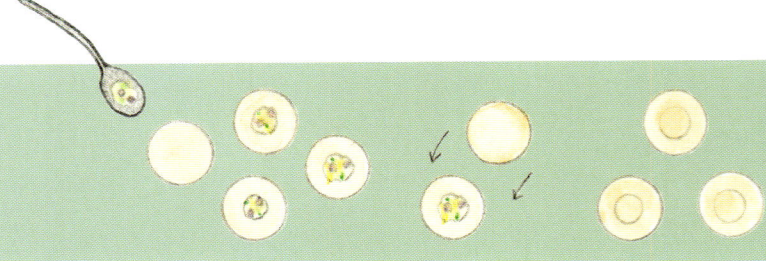 

❿ 작은 그릇에 물을 담아 두세요. 만들어 둔 소를 숟가락으로 떠서 둥근 파스타 8장에 각각 올린 다음, 그릇에 담아 둔 물에 손가락을 적셔 가장자리에 발라 주세요. 나머지 반죽을 한 장씩 그 위에 올려 라비올리를 8개 만들어요. 반죽 두 장을 합칠 땐 손가락으로 가장자리를 조심스레 눌러요. 이때 속에 공기가 남아 있지 않도록 잘 살펴요. 만약 라비올리가 잘 여며지지 않았다면 삶을 때 소가 새어나올 수 있으니 이 과정은 아주 중요하답니다. 남은 반죽으로 똑같이 라비올리 8개를 더 만들어요.

⓫ 끓는 물에 라비올리를 넣어 물 위로 떠오를 때까지 5분가량 삶아요. 구멍 뚫린 국자로 조심스레 건져 익었는지 확인해요. 파스타는 부드러워야 하고 날달걀 맛이 나지 않아야 해요. 라비올리에 토마토 소스를 끼얹어 먹어요.

Tagliatelle with cream, peas and ham

크림, 완두콩, 햄 탈리아텔레

4명에게 충분한 양
- 생파스타 반죽 1레시피 분량(40쪽 참조) 또는 말린 탈리아텔레 면 400g
- 양파 1개 또는 쪽파 2대
- 버터 10g
- 올리브기름 2작은술
- 깐 완두콩 200g (없다면 냉동 완두콩도 괜찮아요.)
- 익힌 햄 2장
- 생크림 100ml
- 파르미지아노 치즈 40g

이 레시피는 집에서 만든 생탈리아텔레 면에 잘 어울리는 소스이지만 말린 탈리아텔레 면을 써도 맛있어요. 만들어 보면 이탈리아에서 파스타에 소스를 얼마만큼 넣어 먹는지 알 수 있어요. 흥건하지 않게, 면을 두를 정도로만 넣어 먹는답니다! 마늘 맛을 좋아한다면 2단계에서 양파와 함께 다진 마늘을 더해요.

생크림

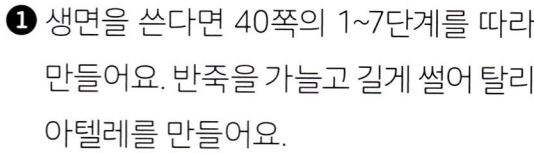

❶ 생면을 쓴다면 40쪽의 1~7단계를 따라 만들어요. 반죽을 가늘고 길게 썰어 탈리아텔레를 만들어요.

❷ 다리 세우기와 고양이 앞발 칼질법(8쪽 참조)으로 양파와 쪽파를 다져요. 소스팬에 버터와 올리브기름을 넣고 약한 불에서 달궈요.(버터는 맛을 더해 주고 기름은 버터가 타는 걸 막아 주지요.) 여기에 양파를 넣어 부드러워질 때까지 5분 동안 살포시 볶아요. 나무 주걱으로 가끔씩 뒤적여 주세요.

❸ 완두콩을 더해 넣고 나무 주걱으로 가끔 뒤적이며 양파와 버터 국물에 5분 동안 볶아요. 햄은 가위로 잘게 잘라 놓아요.

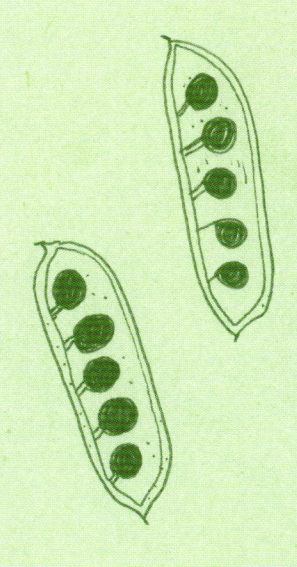

❹ 생크림을 넣고 5분 더 끓인 뒤 여기에 햄을 더해요.

❺ 큰 팬에 물을 ¾ 정도 담아 끓여요. 생탈리아텔레를 끓는 물에 넣고 3~4분 동안 딱 맞게 익혀요. 날달걀 맛이 나지 않으면서 부드럽게 익어야 해요. 건면을 쓴다면 39쪽을 보고 따라 하세요. 삶은 파스타를 체에 내려 다시 빈 팬에 담을 때는 어른에게 부탁해요.

❻ 국자로 소스를 떠서 파스타 위에 끼얹어요. 손가락을 다치지 않도록 조심하면서 파르미지아노 치즈를 강판의 작은 구멍으로 갈아(9쪽 참조) 파스타에 솔솔 뿌려요. 잘 버무려서 바로 먹어요!

Spaghetti with tomato sauce

토마토 소스 스파게티

Pomodoro 포모도로는
Golden apple 황금 사과라는 뜻

4명에게 충분한 양
— 통조림 다진 토마토 400g
— 흑설탕 1작은술
— 마늘 1~2쪽, 마늘 맛을 좋아하는 정도에 따라 조절해요.
— 스파게티 400g
— 생바질 잎 10장
— 올리브기름 2큰술

토마토를 빼놓고는 이탈리아 음식을 생각하기 어렵지만, 사실 토마토를 키우기 시작한 건 16세기부터랍니다. 처음에는 토마토가 벨라도나라는 독풀의 친척이라서 독이 있을 거라 의심했어요. 하지만 다행스럽게도 이탈리아 사람들은 곧 토마토가 맛있다는 것을 깨달았답니다. 이탈리아어로 토마토는 포모도로 pomodoro라고 하는데, 이는 '황금 사과'라는 뜻이에요.

❶ 통조림 다진 토마토를 소스팬에 담고 흑설탕을 넣어요.

❷ 마늘을 밀대로 살짝 눌러 으깬 뒤 껍질을 벗기고 토마토에 더해요.

❸ 토마토가 살포시 보글보글 끓을 때 뚜껑을 덮고 아주 약한 불에서 40분가량 더 끓여요. 나무 주걱으로 종종 저어 주세요.

DO NOT EAT ME
먹지 마시오

Deadly nightshade
벨라도나 독풀

My poisonous second cousins 독풀 열매의 먼 친척

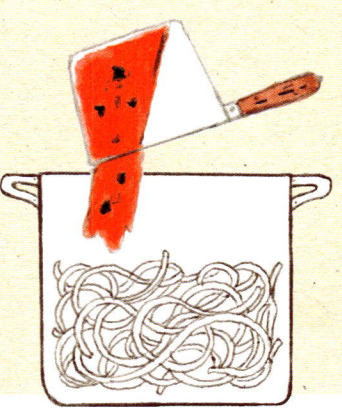

❹ 소스가 거의 다 완성됐을 때 큰 팬에 물을 끓여 스파게티를 삶아요. 파스타를 삶는 법은 39쪽을 보세요. 삶은 스파게티를 체에 내려 다시 빈 팬에 담을 때는 어른에게 부탁해요.

❺ 토마토 소스를 불에서 내린 뒤 바질 잎을 손으로 잘게 찢어 올리브기름과 함께 소스에 넣어요.

❻ 소스를 그대로 조심스럽게 붓거나 또는 국자로 떠서 스파게티에 끼얹어요. 잘 버무려서 바로 먹어요.

Spaghetti Amatriciana
스파게티 아마트리치아나

4명에게 충분한 양
- 빨간 생고추 1개
- 판체타 또는 베이컨 100g (깍둑 썰거나 얇게 저민 것)
- 양파 1개
- 올리브기름 1작은술
- 통조림 다진 토마토 400g
- 스파게티 400g
- 갓 갈아 낸 검은색 후추

이탈리아에서는 파스타와 소스의 짝을 엄격하게 지키는 경우가 많아요. 길고 가는 파스타는 매끄럽고 부드러운 소스와, 짧고 굵은 파스타는 걸쭉한 소스와 함께 먹어요. 짧고 굵은 파스타의 구멍이 소스를 잘 머금기 때문이랍니다. 이 레시피에서는 스파게티에 토마토 소스를 둘러요. 스파게티를 포크로 돌돌 말 때 소스도 같이 먹을 수 있도록 버무려지는 셈이죠.

❶ 고추는 속의 흰 부분과 씨가 가장 매워요. 이걸 발라내면 소스를 너무 맵지 않게 만들 수 있지요. 다리 세우기 칼질법(8쪽 참조)으로 고추를 반으로 가른 뒤 작은 숟가락으로 씨를 발라내요. 씨를 만진 손으로 절대 눈을 만지지 않도록 꼭 조심하세요. 엄청 따갑거든요! 고양이 앞발 칼질법으로 고추를 잘게 썰어요. 고추를 만진 뒤에는 손을 바로 씻어 주세요!

❷ 판체타나 베이컨이 잘라져 있지 않다면 가위를 이용해(7쪽 참조) 잘게 잘라요.

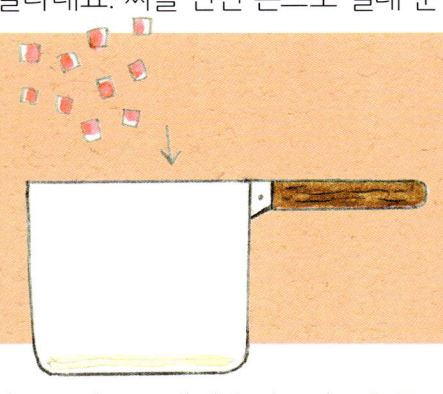

❹ 바닥이 두툼한 소스팬에 올리브기름을 둘러요. 여기에 판체타를 넣고 중불에서 3분 정도 볶아요. 익으면서 판체타의 밝은 분홍색이 점점 옅어질 거예요. 나무 주걱으로 뒤적이며 볶아 주세요.

❺ 불을 낮추고 양파를 더해 10분 동안 아주 살포시 볶아요. 가끔 뒤적이면서요. 꽤 부드러워질 때까지 볶는답니다.

❻ 통조림 토마토와 고추를 더해요. 뚜껑을 덮고 약한 불에 40분 동안 두어요. 잘 끓고 있는지 10분마다 확인하고 저어 주세요. 소스가 팬 바닥에 눌어붙는 것 같으면 물을 약간 넣는 게 좋아요. 소스는 익으면서 걸쭉해지고 색깔이 진해져요.

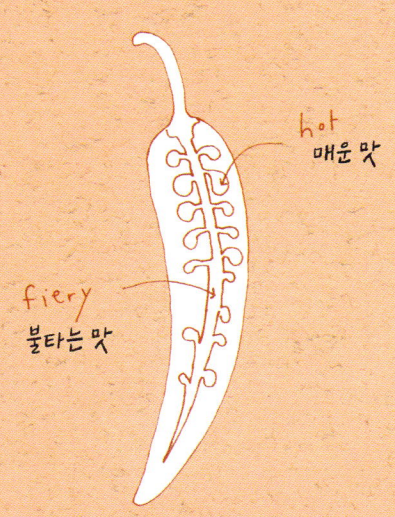

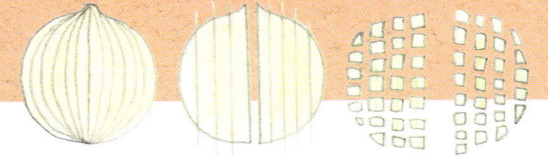

❸ 다리 세우기와 고양이 앞발 칼질법(8쪽 참조)으로 양파를 잘게 썰어요.

❼ 소스가 거의 완성되면 큰 팬에 물을 끓여 스파게티를 삶아요. 스파게티 삶는 법은 39쪽을 보세요. 삶은 스파게티를 체에 내려 다시 빈 팬에 담을 때는 어른에게 도움을 요청하세요.

❽ 소스를 맛보고 갓 갈아 낸 검은색 후추를 넣은 뒤 국자로 떠서 스파게티에 끼얹어요. 잘 버무려서 바로 먹어요.

Linguine with Pesto
페스토 링귀니

페스토는 밝은 녹색의 소스로 이탈리아 북부의 리구리아 지방이 고향이에요. 이탈리아 사람들은 보통 페스토를 링귀니나 밧줄처럼 돌돌 말린 모양의 트로피에 파스타에 버무려 먹는데, 깍지콩이나 생뇨키와 함께 먹어도 맛있어요.(62쪽 참조) 전통적으로 페스토는 재료를 빻는 데 쓰는 절구와 공이를 이용해 만들어요. 없다면 친구에게 빌려 써도 좋아요. 아니면 푸드 프로세서를 써도 되지요.

4명에게 충분한 양
- 파르미지아노 치즈 40g 또는 파르미지아노와 페코리노 치즈 각각 20g
- 마늘 ½쪽
- 소금 한 자밤
- 엑스트라버진 올리브기름 3~4큰술
- 잣 약 40g
- 말린 링귀니 파스타 400g
- 생바질 잎 약 25장
- 갓 갈아 낸 검은색 후추

❶ 치즈를 곱게 갈아(9쪽 참조) 한쪽에다 두세요. 마늘에 소금을 약간 더해(마늘을 으깨기가 편해져요.) 절구나 푸드 프로세서에 담고 부드러워질 때까지 으깨요.

❷ 여기에 잣을 넣어 잘게 빻아요. 푸드 프로세서로 갈면 한두 번만 돌려도 되지만 절구와 공이를 쓴다면 팔이 아플 수도 있으니 친구나 가족과 돌아가면서 빻아요!

❸ 바질 잎을 넣고 좀 더 빻아요. 절구와 공이를 쓴다면 바질 잎이 잘게 으깨질 때까지 빻아요. 너무 오래 빻으면 잎 색깔이 거무죽죽해질 수 있으니, 녹색을 유지하기 위해서 최대한 빨리 빻아요. 푸드 프로세서를 쓴다면 잠깐 돌렸다가 멈추기를 몇 차례 되풀이하세요.

❹ 대접에 옮겨 담고 갈아 둔 치즈를 더해 잘 섞어요. 그런 다음 숟가락으로 올리브기름을 떠서 방울방울 떨어뜨리며 기름을 천천히 더해요. 자, 이제 페스토가 완성됐어요!

Smash! 부숴요!

Pound 빻고

Crush 으깨고

Pummel 내려쳐요

BASH! 두들겨요!

some bashing — 약간 두들긴 것
more bashing — 많이 더 두들긴 것
even more bashing — 아주 많이 두들긴 것

❺ 큰 팬에 물을 끓여 링귀니를 삶아요. 파스타를 삶는 법은 39쪽을 보세요. 삶은 링귀니를 체에 내려 다시 빈 팬에 담을 때는 어른에게 도움을 부탁해요. 페스토를 끼얹고 조심스레 뒤적여 파스타에 골고루 둘러요. 갓 갈아낸 검은색 후추를 뿌리고 맛있게 먹어요!

Baked Macaroni with Parmesan

마카로니 그라탕

> **4명에게 충분한 양**
>
> **베샤멜 소스:**
> — 무염 버터 50g
> — 중력분 50g
> — 우유 570ml
> — 갓 갈아 낸 검은색 후추
>
> **구운 마카로니:**
> — 마카로니 파스타 300g
> — 체다 치즈 40g
> — 파르미지아노 치즈 25g

❶ 손가락이 강판에 닿지 않게 조심하면서 파르미지아노 치즈와 체다 치즈를 갈아요.(9쪽 참조) 나중에 쓸 거니까 일단 따로 두어요.

❷ 소스를 만들 차례예요. 작은 팬에 버터를 담고 약한 불에 녹여요. 너무 센 불에서는 버터가 갈색으로 변해 소스의 색깔과 맛에 영향을 주니까 꼭 약한 불에 녹여 주세요.

❸ 버터가 녹으면 밀가루를 넣고 중간 불로 올려요. 나무 주걱으로 뒤적이며 1분 동안 볶으면서 매끄럽고 반짝이는 곤죽을 만들어요. 이것이 바로 루랍니다.

❼ 팬을 약불에 두고 계속 저으며 3~4분 동안 소스를 아주 살포시 익혀요. 소스는 익으면서 걸쭉해질 거예요. 소스를 나무 주걱의 뒷면에 묻혔을 때 흘러내리지 않을 정도로 걸쭉하게 끓여요.

❽ 오븐을 200℃로 데워요. 그리고 큰 팬에 물을 끓여 마카로니를 삶아요. 파스타 삶는 법은 39쪽을 보세요. 삶은 마카로니를 체에 내려 다시 빈 팬에 담을 때는 어른에게 도움을 부탁해요.

❾ 파르미지아노 치즈와 체다 치즈를 베샤멜 소스에 더하고 갓 갈아 낸 검은색 후추를 살짝 뿌려요.

마카로니 그라탕을 만들기 위해서는 먼저 두루두루 쓰이는 베샤멜 béchamel이라는 흰 소스를 만들어야 해요. 첫 단계로 버터와 밀가루를 섞어 루 roux를 만든답니다. 베샤멜 소스를 만들어 놓으면 라자냐(54쪽 참조) 같은 주요리에도 쓸 수 있어요. 다른 소스의 바탕이 되는 소스라 맛은 평범하니까, 이 레시피에서는 치즈를 더해 맛을 내지요.

❹ 팬을 불에서 내려 우유 4큰술가량을 넣고 완전히 섞일 때까지 저어 주세요. 처음에는 소스가 아주 걸쭉할 테니 매끄러워질 때까지 저어요.

❺ 다시 약불에 올려 우유를 조금 더 넣고 저어요. 우유를 조금씩 더해 가면서 우유 절반을 섞어 주세요.

❻ 나무 국자 대신 거품기로 나머지 우유를 더해 섞어요. 소스를 잘 휘저어서 멍울이 지지 않는다면 우유를 조금씩 더 많이 넣어 줘도 괜찮답니다!

❿ 베샤멜 소스의 절반을 국자 또는 숟가락으로 뜨거나 파스타에 바로 부어 끼얹어요. 나무 주걱으로 소스와 파스타를 잘 섞어요.

⓫ 가로세로가 25cm쯤 되는 정사각형 오븐용 접시에 파스타를 담아요.(다른 모양의 오븐용 접시도 괜찮아요.) 남은 베샤멜 소스를 파스타 위에 얹어요. 국자로 떠서 담으면 훨씬 편할 거예요.

⓬ 오븐용 접시를 제과제빵팬에 담아요. 오븐 장갑을 끼고 접시를 오븐에 집어넣어요. 윗면이 부글거리면서 노릇해질 때까지 20분가량 구워요. 샐러드나 익힌 녹색 채소와 함께 먹어요.

Lasagne 라자냐

라자냐는 여러 켜의 파스타와 베샤멜 소스, 고기 바탕의 소스(이탈리아에서는 라구라고 불러요.)로 이루어진 음식이에요. 이탈리아 아이들이 먹는 라자냐는 보통 우리가 먹는 것과는 조금 달라요. 이탈리아에서는 라자냐 파스타를 접시에 담아도 무너지지 않을 정도로만 익힌답니다. 이 레시피로 이탈리아식 라자냐를 만들어 보세요.

4명에게 충분한 양

라구:
— 당근 1개
— 양파 1개
— 마늘 1쪽
— 올리브기름 2큰술
— 품질 좋은 간 쇠고기 350g
— 물 100ml
— 토마토 파사타 500g
— 베샤멜 소스 1레시피 분량(52쪽 참조)
— 라자냐 파스타 12장가량*
— 파르미지아노 치즈 40g

* 생파스타를 만들어 쓰거나(40쪽 참조) 아니면 말린 파스타로 라자냐를 만들 수 있어요.

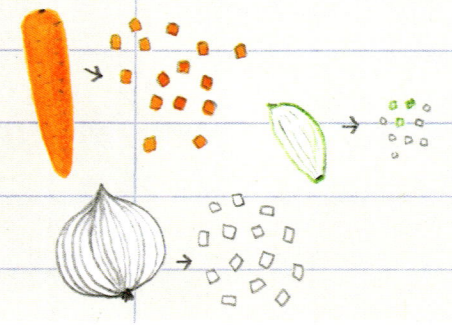

❶ 먼저 라구를 만들어요. 다리 세우기와 고양이 앞발 칼질법(8쪽 참조)으로 당근과 양파를 잘게 썰고, 마늘은 으깨요.(7쪽 참조)

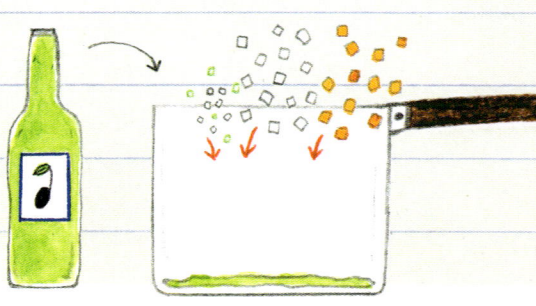

❷ 올리브기름, 당근, 양파와 마늘을 팬에 담고 약한 불에서 부드러워질 때까지 가끔 뒤적이며 10분가량 볶아요.

❸ 채소를 팬의 가장자리로 몰아 놓고 쇠고기가 팬의 바닥에 깔리도록 넣어요. 노릇해질 때까지(3~4분) 지져요. 전부 한데 섞어 3~4분 동안 더 볶아요. 채소와 고기가 잘 섞이도록 가끔 뒤적여 주세요.

❺ 오븐을 180°C로 데워요. 가로 20cm, 세로 25cm 정도 되는 오븐용 접시가 필요해요. 접시 바닥에 라구를 약간 펴 바르고 그 위에 베샤멜 소스도 펴 발라요. 각각의 소스는 토스트에 바른 잼처럼 아

주 얇게 켜를 만들어야 해요. 그런 다음 라자냐 파스타를 그 위에 올려요. 라구, 베샤멜, 파스타의 켜를 되풀이해서 한 층씩 올려요.

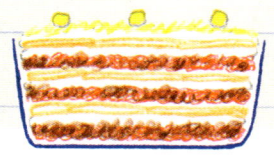

❻ 이만한 접시에는 한 켜에 파스타가 네 장씩 들어가요.(한 층은 세 켜로 이루어지죠.) 맨 위층은 파스타를 올리고 그 위에 베샤멜을 펴 발라서 마무리해요. 갓 갈아낸 파르미지아노 치즈를 솔솔 뿌려 주세요.

Lasagne Geology
라자냐 지질학

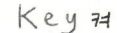

Key 켜

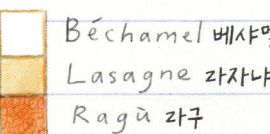

Béchamel 베샤멜
Lasagne 라자냐
Ragù 라구

ITALY
이탈리아

Mediterranean Sea 지중해

❹ 물과 파사타를 더해 30분 동안 살포시 보글보글 끓여요.(거품이 슬그머니 올라올 정도로요.) 라구에 생로즈마리 1줄기, 세이지나 월계수 잎 1장을 넣어 풍미를 더해 줄 수 있어요. 베샤멜 소스를 만들고 파르미지아노 치즈를 갈아 넣어요.(9쪽 참조)

❼ 라자냐 접시를 오븐용 접시 위에 올려요. 오븐 장갑을 끼고 오븐에 넣어 라자냐가 노릇해지면서 부글거릴 때까지 35분간 구워요. 샐러드나 녹색 채소를 곁들여요.

55

Rigatoni with Meatballs

미트볼 리가토니

4명에게 충분한 양
— 생이탈리안 파슬리 한 줌
— 마늘 ½쪽
— 간 쇠고기 400g, 또는 간 돼지고기와 간 쇠고기 각각 200g씩
— 갓 갈아 낸 검은색 후추
— 자유 방목 달걀 1개
— 밀가루 한 줌, 두를 것
— 양파 1개
— 셀러리 1대   — 토마토 파사타 500ml
— 당근 1개   — 리가토니 파스타 400g
— 올리브기름 2큰술 — 파르미지아노 치즈 25g
— 작은 생로즈마리 1줄기

❶ 가위로 (7쪽 참조) 파슬리 잎을 잘게 잘라요. 마늘은 으깨 주세요.(7쪽 참조) 간 고기를 큰 대접에 담고 파슬리와 마늘을 더한 뒤 갓 갈아 낸 후추를 약간 넣어요.

❷ 달걀을 깨뜨려 작은 그릇에 담아(9쪽 참조), 고기에 넣어요.

❸ 모든 재료가 잘 섞이도록 손으로 버무려 주세요. 포크를 써도 되지만 손으로 버무리면 더 재미있어요.

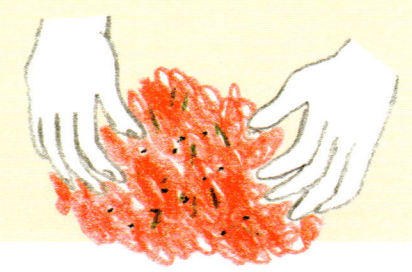

❼ 다리 세우기와 고양이 앞발 칼질법(8쪽 참조)으로 양파와 셀러리, 당근을 잘게 썰어요.

❽ 바닥이 두툼한 팬에 올리브기름을 두르고 잘게 자른 양파, 당근, 셀러리를 넣어 약한 불에서 10분 동안 익혀요. 가끔 나무 주걱으로 뒤적여 주세요.

❾ 볶은 채소를 팬의 가장자리로 몰아 놓고 가운데에 미트볼을 넣어요. 움직이지 않고 그대로 5분 동안 지져요.

미트볼을 만들면서 분수와 같은 산수 공부를 할 수 있어요. 이 레시피에서는 간 고기를 8등분해서 미트볼을 만들어야 해요. 미트볼이 고르게 익도록 똑같이 나눠야 한답니다. 리가토니는 가운데가 비어 있고 겉에 주름이 있는 튜브 모양의 파스타인데, 구할 수 없다면 펜네나 다른 짧은 파스타를 써도 괜찮아요.

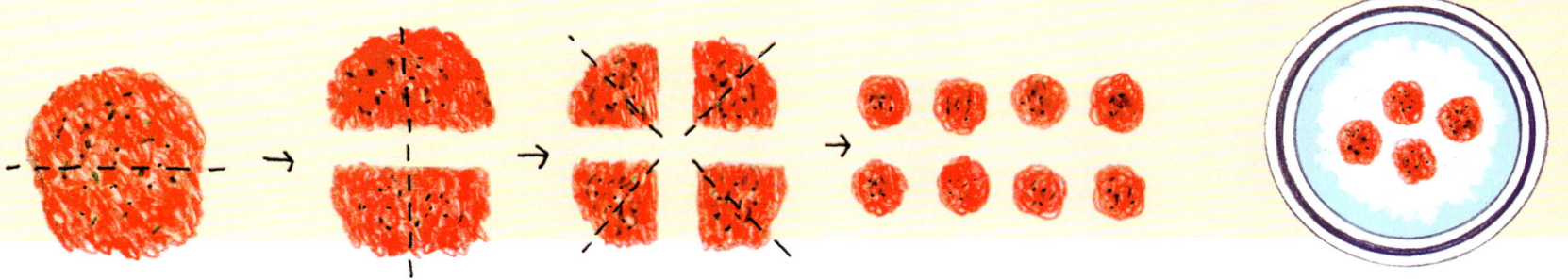

❹ 버무린 고기를 반으로 나눈 뒤 다시 반으로, 그런 다음 또 반으로 나눠 8등분해요.

❺ 각각 손으로 둥글게 굴려 미트볼 8개를 만들어요.

❻ 밀가루를 접시에 솔솔 뿌린 뒤 미트볼을 그 위에 굴려 주세요. 미트볼은 접시에 담아 냉장고에 두어요.

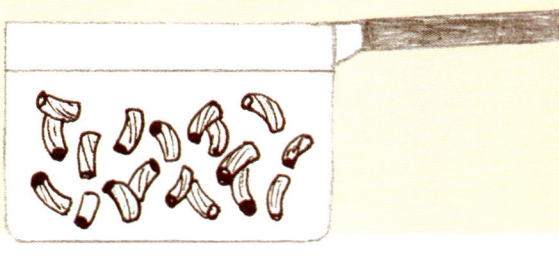

❿ 미트볼이 부스러지지 않도록 조심스럽게 뒤집어 골고루 노릇하게 지져요. 여기에 로즈마리와 토마토 파사타를 넣고 약한 불에서 미트볼이 속까지 익도록 40분가량 살포시 끓여요.

⓫ 큰 팬에 물을 끓여 리가토니를 삶아요. 파스타 삶는 법은 39쪽을 보세요.

⓬ 파스타를 대접에 나눠 담고 국자로 미트볼을 떠서 파스타 위에 올려요. 로즈마리 줄기는 건져 버려야 한다는 걸 잊지 마세요! 파르미지아노 치즈를 갈아(9쪽 참조) 위에 솔솔 뿌려요.

Main Courses
주요리

Risotto 리소토

리소토는 이탈리아 북부 지방에서 생겨난 요리로, 쌀과 육수(채소나 닭고기 등으로 맛을 낸 국물)로 만들어요. 밀라노에서는 리소토에 예쁜 금색을 내는 사프란을 써요. 리소토에서 가장 중요한 재료는 리소토용 쌀이에요. 카르나롤리 또는 비알로네 나노 같은 품종이 잘 맞는데, 다양한 식재료를 파는 식품점에서 살 수 있어요.* 이런 쌀로 리소토를 끓이면 단단하면서도 크림처럼 부드러운 질감을 맛볼 수 있지요. 무슨 말인지 이해하기 어려울 수도 있지만, 맛있는 리소토를 먹어 보면 알 거예요. 기본 리소토를 만들 수 있으면 채소나 고기 같은 재료를 더해 만들 수도 있어요.

4명에게 충분한 양
- 파르미지아노 치즈 40~50g
- 채소 또는 닭고기 육수 1.2~1.4L (직접 끓인 육수가 없으면 채소 육수 가루를 써도 괜찮아요.)
- 양파 1개
- 무염 버터 40g
- 올리브기름 1큰술
- 리소토용 쌀 350g
- 채친 사프란 ½작은술

Soffritto 소프리토

❶ 손을 다치지 않도록 조심하면서 파르미지아노 치즈를 갈아 두세요.(9쪽 참조) 소스팬에 육수를 붓고 보글보글 거품이 살며시 올라올 때까지 끓여요. 국자를 팬 옆에 준비해 두세요.

❷ 다리 세우기와 고양이 앞발 칼질법(8쪽 참조)으로 양파를 썰어요. 바닥이 두툼한 팬에 버터 절반과 올리브기름을 넣고 녹여 주세요. (버터는 맛을 더해 주고 기름은 타는 걸 막아 주지요.) 여기에 양파를 넣고 부드러워질 때까지, 나무 주걱으로 가끔 뒤적이며 10분 동안 볶아요. 이렇게 채소를 익히는 걸 이탈리아에서는 '소프리토soffrito'라고 한답니다. 다양한 맛의 리소토를 끓이고 싶으면 이 단계에서 마늘, 버섯, 소시지 같은 재료를 넣어 주세요.

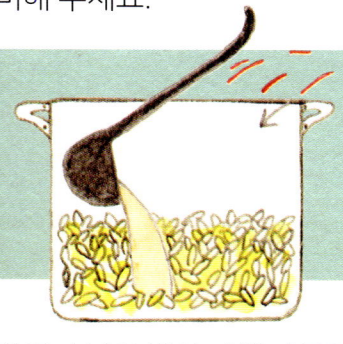

씹는 맛 / soft and creamy 크림처럼 부드러워요

❹ 육수를 몇 국자 부어 쌀이 다 빨아들일 때까지 살포시 저어 주며 끓여요. 이때 사프란도 넣어 주세요. 육수를 한 국자씩 계속 더해 가면서 쌀이 빨아들여 육수가 졸아들 때까지 되풀이해서 끓여요.

❺ 육수를 전부 다 쓸 때까지 한 국자씩 더해 가면서 끓여요. 쌀이 육수를 완전히 빨아들였을 때에만 더 넣어 주세요. 쌀이 육수를 모두 빨아들여 다 익기까지는 보통 18~20분 가량 걸릴 거예요. 작은 숟가락으로 떠서 쌀이 다 익었는지 맛을 보세요. 부드럽지만 '씹는 맛'이 남아 있어야 해요. 동시에 겉은 살짝 크림처럼 부드러워야 맛있답니다.

● 한국에서 재배하는 품종 중에서는 이천쌀과 신동진쌀이 리소토를 만들기에 좋아요.—옮긴이

tostatura
토스타투라

❸ 다음 단계는 쌀을 볶는 과정인데, 이를 '토스타투라tostatura'라고 불러요. 쌀을 팬에 넣고 버터에 볶은 양파가 쌀알과 골고루 섞이도록 잘 뒤적여요.

Mantecatura
만테카투라

❻ 불을 줄이고 남은 버터와 갈아 둔 파르미지아노 치즈를 더해 잘 섞어요. 이 단계를 '만테카투라mantecatura'라고 불러요. 리소토에 독특한 질감을 주는 과정이랍니다. 완성 후 바로 먹어요.

Saffron is made from crocus flowers, and takes a lot of work to produce: Italian saffron growers say that a gram of saffron is more valuable than a gram of gold.

사프란 꽃의 암술머리를 말린 향신료를 사프란이라고 하는데, 수확부터 만드는 과정까지 힘이 많이 들어요. 이탈리아의 사프란 농부는 1그램의 사프란이 같은 양의 금보다 더 귀하다고 말한답니다.

Potato Gnocchi
감자 뇨키

4명에게 충분한 양
— 감자 1kg　　　— 중력분 240g
— 자유 방목 대란 1개

뇨키는 감자와 밀가루, 또는 옥수숫가루로 만드는데, 작은 만두와 비슷한 요리예요. 이탈리아에는 지역마다 명물 뇨키가 있답니다. 뇨키는 만들기 쉽고 빚는 것도 재밌어요! 50쪽의 페스토, 46쪽의 토마토 소스와 같은 다양한 소스에 버무려 먹을 수 있지요.

❶ 껍질 벗기는 칼로 감자의 껍질을 벗겨 주세요.(9쪽 참조)

❷ 다리 세우기 칼질법(8쪽 참조)으로 감자를 반 잘라요. 자른 면이 도마에 닿도록 올려놓고 다시 4등분해요. 썬 감자는 체에 담아 두세요.

❸ 소스팬에 물을 반만 넣고 체를 위에 올려요. 뚜껑을 덮고 물을 끓여 20분 동안 감자를 쪄요. 이렇게 익히면 감자가 물기를 많이 빨아들이지 않아요. 뇨키를 만드는 데는 물기 없이 삶은 감자가 좋아요.

❼ 작업대와 감자 반죽에 밀가루를 솔솔 뿌려 주세요. 반죽을 밀어 커다란 정사각형으로 만드는데, 반죽의 두께는 1.5cm 정도면 좋아요. 나이프로 반죽을 반으로 자른 뒤 폭이 1.5cm쯤 되도록 길쭉하게 잘라요.

❽ 길게 자른 반죽을 손으로 밀어 소시지 모양으로 만들어요. 그런 다음 약 1.5cm 길이로 썰어 작은 원통 모양의 뇨키를 많이 만들어요. 뇨키의 모양이 고르지 않아도 괜찮지만, 그래도 크기가 비슷해야 고르게 익는답니다.

❾ 이탈리아에서는 전통적으로 뇨키의 겉에 무늬를 넣어요. 포크의 갈퀴로 누르거나 강판에 뇨키를 굴려 무늬를 넣을 수 있는데, 안 넣어도 괜찮아요. 큰 접시나 제과 제빵팬에 밀가루를 약간 솔솔 뿌리고 뇨키를 담아 두세요.

밀가루

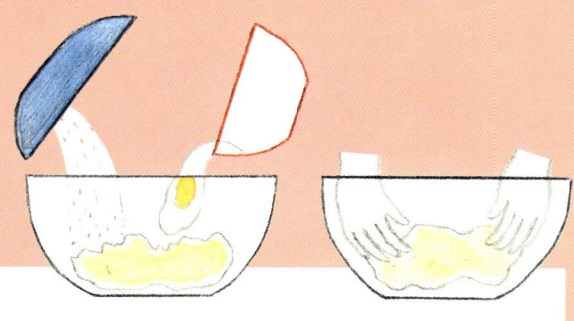

❹ 불을 꺼요. 체를 들어 옮기는 것은 어른에게 부탁하세요. 포크나 젓가락으로 감자를 조심스레 찔러 보고 익었는지 확인해요. 힘 안 들이고 들어가면 감자가 다 익은 거예요.

❺ 삶은 감자를 대접에 담고 매셔나 라이서로 덩어리 없이 부드러워질 때까지 으깨요. 감자 라이서는 커다란 마늘 분쇄기처럼 생겼는데 작동하는 원리도 같아요. 다 으깬 감자는 식혀 두세요.

❻ 달걀을 깨뜨려 대접에 담아요.(9쪽 참조) 밀가루와 달걀을 식혀 둔 으깬 감자에 넣고 나무 주걱으로 섞어요. 그런 다음 손으로 반죽해요.

The gnocchi go for a quick dip in boiling water

끓는 물에 뇨키를 잠깐 삶아요

충분한 물
DEEP WATER

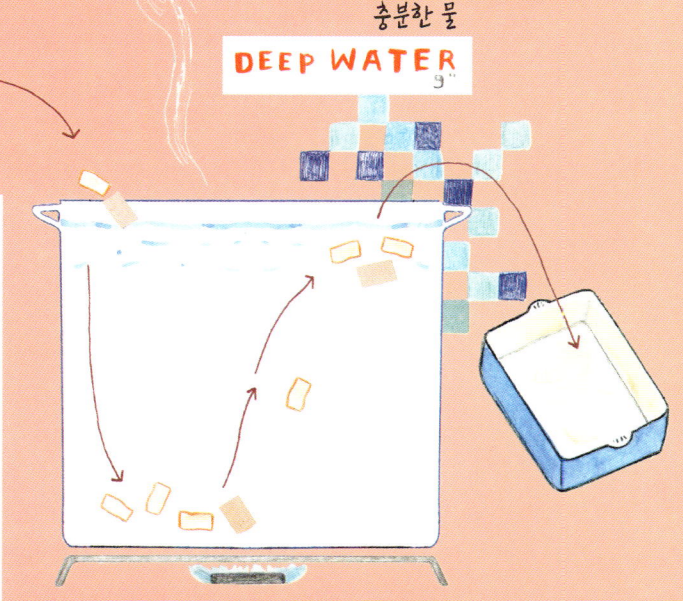

❿ 따뜻하게 먹을 수 있도록 뇨키를 담을 접시를 낮은 온도의 오븐에 넣어 두세요. 어른의 도움을 받아 큰 팬에 물을 끓이고 뇨키를 8개씩 넣어 떠오를때까지 기다려요. 뇨키가 물 위로 떠오르면 다 익은 거랍니다. 1분쯤밖에 안 걸려요.

⓫ 구멍 뚫린 국자로 뇨키를 건져 따뜻한 접시에 담고 나머지 뇨키도 삶아요. 국자로 소스를 떠서 뇨키 위에 끼얹어 먹어요!

Polenta gnocchi

폴렌타 뇨키

폴렌타는 알갱이가 굵은 옥수숫가루예요. 물을 넣고 끓이면 걸쭉한 노란색 죽이 되지요. 계속 저으면서 끓여야 하지만, 식혀서 굳히면 원하는 모양으로 자를 수 있어요. 이탈리아에서는 녹인 버터나 치즈와 함께 먹는데 아주 맛있답니다.

4명에게 충분한 양
- 제과제빵팬에 두를 올리브기름 약간
- 굵은 폴렌타 가루 350g
- 무염 버터 20g
- 파르미지아노 치즈 40g

❶ 가로 30cm, 세로 20cm쯤 되는 제과제빵팬이 필요해요. 붓을 이용해 팬에 올리브기름을 살짝 둘러요.

❺ 끓인 폴렌타를 조심스레 제과제빵팬에 펴 담아요. 국자로 떠서 담는 게 편해요. 틀에 골고루 들어차 직사각형 모양이 되도록 담은 뒤 식히고 굳혀요.

❷ 폴렌타 포장지의 조리법을 확인하세요. 대부분의 폴렌타는 끓이는 법이 비슷하지만, 그래도 확인할 필요는 있답니다. 포장지에 적힌 조리법에 나와 있는 물의 양만큼을 소스팬에 담아서 끓여요.

❸ 끓는 물에 폴렌타를 조심스레 부어요. 이때 어른에게 부탁하는 게 좋아요. 멍울이 생기지 않도록 나무 주걱으로 계속 저어주면서 끓여야 해요.

❹ 불을 줄이고 폴렌타가 걸쭉하고 매끄러워지도록 계속 저으며 약한 불에서 살포시 끓여요. 대개 3분가량 걸리지만 포장지에서 시간을 꼭 확인하세요.

❻ 폴렌타가 차갑게 식으면 유리잔으로(달라붙지 않도록 가장자리에 물을 축여요.) 찍어 둥글게 따내요. 지름 6cm짜리 비스킷 틀로 찍어도 좋아요. 둥근 모양을 최대한 많이 따낼 수 있도록 한쪽 끝에서 시작해 반대쪽으로 옮겨 가며 찍어요.

❼ 오븐을 180℃로 데워요. 널찍한 제과제빵 팬에 올리브기름을 바르고 폴렌타를 올려요. 둥근 폴렌타로 단을 쌓는데, 위로 갈수록 개수를 줄여 납작한 피라미드 모양으로 만들어요. 큰 피라미드 1개 또는 작은 피라미드 2개를 만들어요.

❽ 파르미지아노 치즈를 강판에 갈아요.(9쪽 참조) 폴렌타에 파르미지아노 치즈를 솔솔 뿌리고 버터를 점점이 올려요. 오븐 장갑을 끼고 오븐에 넣어 노릇해질 때까지 20분 정도 구워요. 브로콜리나 깍지콩 같은, 익힌 녹색 채소와 함께 먹어요.

Baked Aubergine with tomato

토마토 소스의 가지 구이

❶ 오븐을 200℃로 데워요. 고양이 앞발 칼질법(8쪽 참조)으로 가지를 둥글게 썰어요. 두께는 5mm쯤이 좋은데 이렇게 썰기 어려우면 살짝 두껍게 썰어도 괜찮아요.

❷ 통구이팬에 올리브기름 1큰술을 바르고 둥글게 썬 가지를 담아요. 가지가 서로 겹치지 않게 한 켜로 깔아요. 가지에 올리브기름 1큰술을 골고루 발라 주세요.

오븐 장갑을 끼고 팬을 오븐에 넣은 다음 가지가 부드럽고 살짝 노릇해질 때까지 20분 동안 구워요.

❸ 그 사이 다리 세우기와 고양이 앞발 칼질법(8쪽 참조)으로 양파를 썰어요. 그리고 마늘 분쇄기로 마늘을 으깨요.(7쪽 참조) 남은 올리브기름을 소스팬에 두르고 양파와 마늘을 넣어 약한 불에서 5분 동안 살포시 볶아요. 나무 주걱으로 가끔 뒤적여 주세요.

❹ 통조림 다진 토마토를 팬에 담아요. 가위로 파슬리 잎을 잘게 잘라(7쪽 참조) 더해요. 소스가 걸쭉해질 때까지 15분가량 살포시 보글보글 끓여요.

❺ 오븐용 접시에 가지를 한 켜 깔고 국자나 숟가락으로 토마토 소스 절반을 떠서 펴 발라요. 다시 가지를 깔고 토마토 소스를 발라 한 켜를 더 올려요.

자주색의 반질반질한 아름다운 껍질을 가진 가지는 이 레시피처럼 토마토 및 치즈와 함께 요리하면 맛있어요. 빵이나 샐러드와 함께 먹어도 좋고, 통닭이나 양 구이 같은 주요리에 곁들여도 맛있답니다.

4명에게 충분한 양

- 가지 2개
- 올리브기름 3큰술
- 양파 2개
- 마늘 2쪽
- 통조림 다진 토마토 400g
- 생이탈리안 파슬리 1줄기
- 에멘탈 치즈 80g
- 빵가루 50g
- 무염 버터 1쪽

❻ 손가락을 다치지 않도록 조심하면서 강판에 에멘탈 치즈를 갈아 대접에 담아요.(9쪽 참조) 빵가루를 더해 치즈 가루와 잘 섞은 뒤 가지 위에 솔솔 뿌려 주세요.

❼ 오븐용 접시를 제과제빵팬에 담고 버터를 점점이 올려요. 장갑을 끼고 오븐에 넣어 노릇해질 때까지 20분 동안 구워요. 뜨거울 때 먹어요.

빵과 샐러드를 곁들여요

serve with bread and salad

Beans with Sausages

콩과 소시지

❶ 오븐을 190℃로 데워요. 포크로 소시지를 골고루 찌른 뒤 바닥이 두툼한 통구이팬에 담아요. 껍질을 벗기지 않은 마늘과 올리브기름을 함께 넣어 주세요. 장갑을 끼고 오븐에 넣어 20분 동안 구워요. 소시지는 노릇노릇하게 구워지는데, 이렇게 구우면 나중에 콩과 소시지에서 나온 육즙이 먹음직스러운 색을 띤답니다.

❷ 장갑을 끼고 통구이팬을 오븐에서 꺼내요. 집게 또는 나이프와 포크로 조심스레 소시지를 뒤집어요. 다시 오븐에 넣어 구울 때 소시지의 반대쪽 면도 노릇해질 거예요.

콩과 소시지는 간단하면서도 맛있는, 고전적인 짝꿍이에요. 이 레시피에서는 콩에 사과 주스를 조금 넣는데, 이상할 것 같지만 아주 잘 어울리는 단맛의 소스가 된답니다!

4명에게 충분한 양
— 맛있는 돼지고기 소시지 8~12개 (먹을 만큼 준비해요!)
— 마늘 2쪽
— 올리브기름 2작은술
— 생세이지 잎 2장
— 통조림 카넬리니콩 400g, 건져서 헹궈요.
— 사과 주스 100ml
— 갓 갈아 낸 검은색 후추

❸ 팬의 바닥에 깔린 기름을 숟가락으로 아주 조심스럽게 긁어모아요. 세이지를 굵게 찢고 통조림 콩과 함께 소시지에 더해요. 여기에 사과 주스를 붓고 뒤적여요.

❹ 장갑을 끼고 팬을 다시 오븐에 넣어 콩이 뜨겁게 익으면서 살짝 부드러워질 때까지 20분 동안 익혀요. 팬을 꺼내 나무 주걱으로 조심스레 한데 섞은 뒤 검은색 후추를 갈아서 뿌려요. 익힌 녹색 채소를 곁들여 먹어요. 예쁜 접시에 소시지와 콩을 덜어서 담아도 좋지만 그대로 먹어도 괜찮아요!

Baked Cod with Vegetables
오븐 구이 대구와 채소

색색의 채소 위에 흰 대구살을 분홍색 판체타로 싸서 올린 이 요리는 보기에도 좋고 맛도 훌륭해요. 남방대구 hake나 성대 gurnard, 해덕 haddock 같은 흰살 생선으로 만들어도 맛있답니다.

4명에게 충분한 양
— 작은 서양 대파 1대 또는 큰 서양 대파 ½대
— 당근 2개
— 레몬 1개
— 통조림 다진 토마토 200g
— 판체타 8장
— 무염 버터 20g
— 올리브기름 1큰술
— 대구 포 또는 비슷한 흰살 생선 4쪽, 껍질을 벗겨요.

 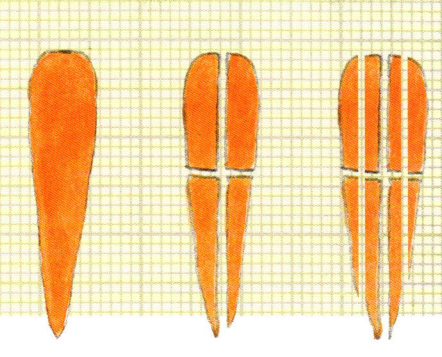 

❶ 오븐을 190℃로 데워요. 서양 대파를 씻어 다리 세우기 칼질법(8쪽 참조)으로 뿌리와 짙은 녹색의 이파리 부분을 잘라 내요. 고양이 앞발 칼질법(8쪽 참조)으로 최대한 얇게 썰어요.

❷ 당근은 씻어서 껍질을 벗겨요. 다리 세우기 칼질법으로 양쪽 끝을 잘라 낸 뒤 가로로 한 번, 세로로 한 번씩 반으로 갈라요. 납작한 면이 도마에 닿도록 올려놓고 고양이 앞발 칼질법으로 얇게 썰어요.

❸ 바닥이 두툼한 통구이팬에 통조림 다진 토마토, 서양 대파, 당근을 넣어요. 여기에 버터를 점점이 올리고 올리브기름을 졸졸 뿌려요. 오븐 장갑을 끼고 팬을 오븐에 넣어 20분 동안 구워요.

  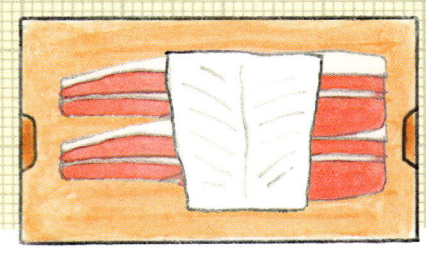

❹ 채소를 굽는 동안 대구살을 도마에 올려놓고 가시를 골라내요. 손가락으로 생선살의 표면을 훑으면서 가시가 만져지면 핀셋으로 집어내세요.

❺ 다리 세우기 칼질법으로 레몬을 반으로 잘라요. 레몬즙을 짜서 대구살에 뿌려요. 이때 레몬의 씨는 골라내 버려요.

❻ 판체타 2장을 도마에 올리고 그 위에 대구살을 올린 뒤 판체타로 감싸 주세요. 나머지 대구살에도 이 과정을 되풀이해요.

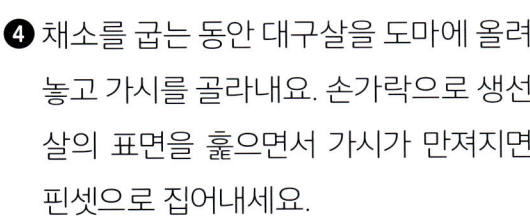 

❼ 채소를 20분 동안 구운 다음 장갑을 끼고 통구이팬을 오븐에서 꺼내요. 판체타로 감싼 대구살을 구운 채소 위에 올리는데, 이때 판체타가 여며지는 부분이 아래로 가도록 올리세요. 장갑을 끼고 다시 팬을 오븐에 넣어 10~15분가량 더 구워요. 팬을 꺼내 대구살 한 쪽을 갈라 보고 익었는지 확인해요. 대구살이 투명하지 않고 하얗게 살짝 불투명해야 다 익은 거랍니다. 속까지 완전히 익지 않았다면 5분 더 구워 주세요.

Fish Kebabs

생선 케밥

케밥 8개 분량

꼬치 8개가 필요해요.
— 생선 800g, 틸라피아, 성대, 생태, 대구, 연어, 해덕 등
— 대하 8마리, 껍데기를 벗겨요.
— 작은 버섯 한 줌
— 방울토마토 한 줌
— 씨를 발라낸 올리브 한 줌

재움 양념:
— 마늘 1쪽   — 올리브기름 2큰술
— 레몬 ½개   — 생이탈리안 파슬리 한 줌 정도

다양한 생선을 꼬치에 꿰어 굽는 레시피예요. 생선을 구입하기 전에 생선 가게에 케밥을 만드는 데 어떤 생선이 좋을지 물어보세요. 요리를 하다 보면 생새우는 회색이지만 익히면 빨갛게 변한다는 걸 알 수 있을 거예요! 껍데기를 까지 않은 새우를 샀다면 껍데기를 벗겨서 꼬치에 꿰어요. 이 케밥은 그릴에 구워도 맛있어요.

❶ 오븐을 190℃로 데워요. 생선을 도마에 올리고 껍질을 벗긴 뒤 손가락으로 훑으면서 가시가 있는지 확인해요. 가시를 발견하면 핀셋으로 집어내요.

❷ 다리 세우기 칼질법(8쪽 참조)으로 생선을 썰어요. 가로세로 2.5cm짜리 정사각형 모양이면 충분해요. 생선의 크기가 너무 작으면 구울 때 꼬치에서 떨어져 버릴 수 있어요.

❸ 재움 양념을 만들어요. 마늘은 껍질을 벗겨 으깬 후 대접에 담아요. 레몬즙을 짜서 마늘에 더하고 올리브기름도 넣어 함께 섞어요. 파슬리 잎은 가위로 잘게 잘라 넣어 주세요. 숟가락으로 모든 재료를 한데 잘 섞어요. 이 과정에 대해서는 7쪽을 다시 잘 살펴보세요.

❹ 생선살을 엄지와 나머지 손가락 사이에 쥐고 한가운데를 꼬치에 꿰어 밀어 올려요. 여러 종류의 생선과 새우, 버섯, 방울토마토, 올리브를 번갈아 꿰어요. 오븐에서 구운 후 꺼냈을 때 어떤 게 내가 만든 건지 알 수 있도록 나만의 특별한 꼬치를 만들어도 재미있어요!

❺ 케밥을 넓은 오븐용 접시에 담고 재움 양념을 부어요. 양념이 골고루 버무려지도록 케밥을 조심스레 뒤적여 주세요. 냉장고에 넣고 20분가량 재워요.

❻ 오븐 장갑을 끼고 생선 케밥을 오븐에 넣어 10분 동안 구워요. 오븐에서 꺼낸 후 집게 또는 장갑을 낀 손으로 케밥을 뒤집고 다시 오븐에 넣어요. 다 익을 때까지 5분가량 더 구워요. 뜨거울 때 먹어요.

Chicken stew with Olives

올리브 닭고기 스튜

4명에게 충분한 양
— 닭고기 큰 조각 4개 또는 작은 조각 8개, 북채나 넓적다리 부위
— 무염 버터 15g
— 올리브기름 1큰술
— 검은색 올리브 150g
— 통조림 다진 토마토 400g
— 흑설탕 1작은술
— 생파슬리 1줄기
— 생바질 잎 4장

올리브는 녹색이거나 검은색이에요. 나무에서 자라는데 어릴 때 따면 녹색이고 더 익은 뒤에 따면 검은색이지요. 검은색 올리브가 좀 더 부드럽고 맛도 순해요. 이 레시피는 닭의 북채나 넓적다리 등 좋아하는 부위로 만들면 된답니다. 올리브 닭고기 스튜는 폴렌타, 빵, 파스타, 밥이나 감자와 함께 먹어요. 그저 몇 가지 기본 재료만으로도 만들 수 있는, 맛있고도 간단한 이탈리아의 고전 요리죠!

❶ 오븐을 170℃로 데워요. 닭고기는 껍질을 벗겨요. 바닥이 두툼한 내화 캐서롤 냄비에 버터와 올리브기름을 넣고 불에 올린 후 버터가 녹을 때까지 달궈요. 여기에 닭고기를 넣은 다음 건드리지 않고 중불에서 5분가량 지져요.

❷ 집게로 닭고기를 뒤집어요. 지진 면에는 먹음직스러운 노릇한 색이 돌아야 한답니다. 3분 더 지진 뒤 냄비를 불에서 내려요.

young olives
어린 올리브

older olives
익은 올리브

❸ 밀대를 이용해 올리브를 살며시 눌러 으깬 뒤 씨를 발라내요. 모든 올리브의 씨를 발라내세요.

❹ 통조림 토마토를 닭에 끼얹고 통조림통에 물을 담아 헹궈 넣어요. 여기에 올리브와 설탕을 더해요. 나무 주걱으로 뒤적여 준 다음 뚜껑을 덮어요. 오븐 장갑을 끼고 냄비를 오븐에 넣어 40분 동안 익혀요.

❺ 장갑을 끼고 오븐에서 캐서롤 냄비를 꺼내요. 바질 잎은 손으로 찢고, 파슬리는 가위로 잘게 잘라요.(7쪽 참조) 닭고기 위에 허브를 솔솔 뿌리고 폴렌타, 빵, 파스타, 감자와 함께 먹어요.

Chicken breasts
마스카르포네 치즈를 채운 닭가슴살
stuffed with Mascarpone

마스카르포네는 진하고 크림처럼 부드러운 치즈로, 단맛과 짠맛의 음식에 모두 쓸 수 있어요. 이 레시피의 닭가슴살 요리는 브로콜리나 깍지콩처럼 갓 쪄낸 채소나 감자 또는 밥과 함께 먹으면 좋아요.

4명에게 충분한 양
— 버섯 125g(어떤 걸 써도 좋아요.)
— 마늘 1쪽
— 생이탈리안 파슬리 한 줌
— 올리브기름 1작은술
— 무염 버터 20g
— 껍질과 뼈를 발라낸 닭가슴살 4쪽
— 마스카르포네 치즈 100g
— 프로슈토(12쪽 참조) 또는 파르마 햄 4장
— 갓 갈아 낸 검은색 후추

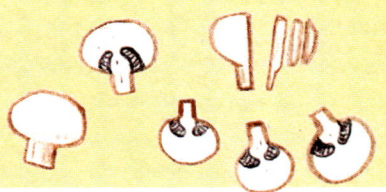 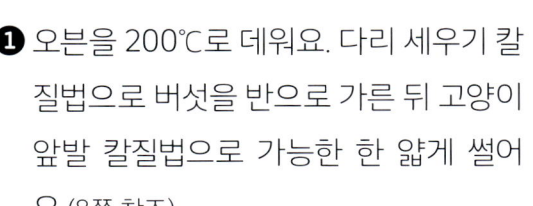 

❶ 오븐을 200℃로 데워요. 다리 세우기 칼질법으로 버섯을 반으로 가른 뒤 고양이 앞발 칼질법으로 가능한 한 얇게 썰어요.(8쪽 참조)

❷ 마늘은 얇은 겉껍질을 벗기고 마늘 분쇄기로 으깨요. 파슬리 잎은 가위로 잘라요.(7쪽 참조)

❸ 올리브기름과 버터를 작은 소스팬에 담고 마늘, 버섯, 파슬리를 넣은 후 약한 불에서 5분 동안 볶아요. 버섯이 부드러워질 때까지 익히세요.

 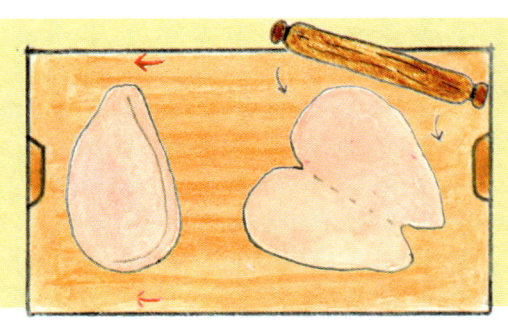

❹ 볶은 버섯에 갓 갈아 낸 검은색 후추를 쳐요. 버섯을 대접에 담아 놓고 완전히 식을 때까지 두세요. 닭가슴살에 뜨거운 재료를 채우면 안 되기 때문이에요. 잘 식히는 게 중요하답니다.

❺ 어른에게 부탁해 닭가슴살에 칼집을 넣어요. 손으로 닭가슴살 윗면을 누르고 조심스레 옆으로 썰어요. 이때 완전히 반을 가르지 않고 끝을 좀 남겨 둬야 책처럼 닭가슴살을 펼칠 수 있어요. 닭가슴살 위에 랩을 덮고 밀대로 살살 두들겨요. 이렇게 납작하게 두들겨 주면 닭가슴살이 빨리 익고 촉촉함을 유지해요. 같은 방법으로 나머지 닭가슴살도 두들겨 주세요. 닭가슴살을 두들긴 후에는 꼭 밀대를 깨끗이 씻어요!

 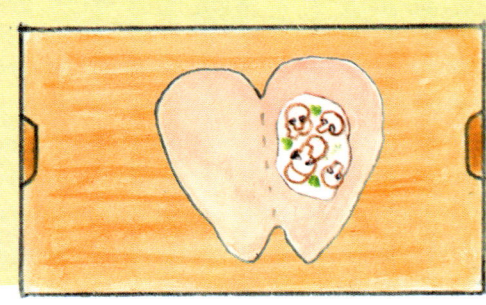 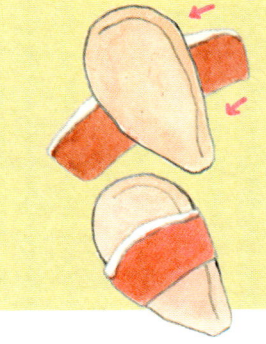

❻ 마스카르포네 치즈를 식혀 둔 버섯에 더해 잘 섞어요. 치즈와 버섯 섞은 것을 조금 덜어 닭가슴살의 한쪽에 올리고 반대쪽으로 덮으세요.

❼ 프로슈토를 닭가슴살에 두르고 맞닿은 면이 아래로 가도록 통구이팬에 올려요.

❽ 장갑을 끼고 팬을 오븐에 넣어 20분 동안 구워요. 닭가슴살을 반으로 잘라 속까지 다 익었는지 확인해요. 닭가슴살에 아직 분홍색이 남아 있다면 오븐에 다시 넣어 5분 정도 더 익혀요.

Beef Stew

쇠고기 스튜

4명에게 충분한 양
— 판체타 또는 베이컨 부스러기 150g
— 기름기 없는 스튜용 쇠고기 600g(정육점에 작은 덩이로 썰어 달라고 부탁해요.)
— 양파 1개
— 당근 1개
— 셀러리 1대
— 올리브기름 1큰술
— 통조림 다진 토마토 400g
— 흑설탕 1작은술
— 로즈마리 1줄기
— 채소 육수 400ml(직접 끓인 육수가 없으면 채소 육수 가루도 괜찮아요.)
— 갓 갈아 낸 검은색 후추

스튜 끓이는 법을 알아 두면 아주 쓸모가 많아요. 이 요리는 맛이 좋을 뿐만 아니라 한 팬에 만드니까 설거지할 그릇도 적죠! 오븐에 넣어서 익히는 동안 다른 일을 할 수도 있어요. 으깬 감자나 로즈마리 어린 감자 구이(80쪽 참조)를 곁들여 함께 먹어요.

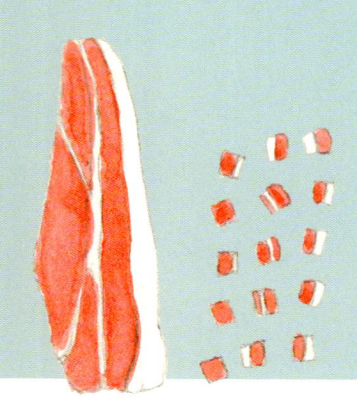

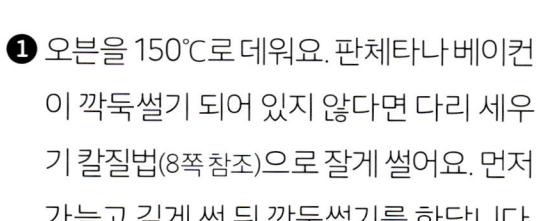

❶ 오븐을 150℃로 데워요. 판체타나 베이컨이 깍둑썰기 되어 있지 않다면 다리 세우기 칼질법(8쪽 참조)으로 잘게 썰어요. 먼저 가늘고 길게 썬 뒤 깍둑썰기를 한답니다.

❷ 다리 세우기와 고양이 앞발 칼질법(8쪽 참조)으로 양파, 셀러리, 당근을 잘게 썰어요.

❸ 바닥이 두툼한 내화 캐서롤에 올리브기름을 두르고 판체타, 양파, 셀러리와 당근을 넣은 뒤 약한 불에서 10분 동안 살포시 볶아요. 가끔 나무 주걱으로 뒤적여 주세요.

❹ 채소를 캐서롤 냄비의 가장자리로 밀어 두고 가운데에 고기를 넣은 후 노릇해질 때까지 익혀요. 5분쯤 걸릴 거예요. 볶은 채소를 다른 그릇으로 덜어 내고 빈 팬에다 고기를 익힐 수도 있어요. 그런 다음 다시 볶은 채소를 고기에 더하는 거죠.

❺ 통조림 토마토, 설탕, 로즈마리를 더하고 빈 통조림통에 육수를 담아 헹군 뒤 냄비에 부어요. 그러면 토마토 국물을 남김없이 쓸 수 있답니다. 남은 육수도 냄비에 마저 넣어요.

❻ 나무 주걱으로 모두 잘 섞어요. 장갑을 끼고 캐서롤 냄비를 오븐에 넣어 2시간 동안 뭉근하게 익혀요. 오븐의 온도를 확인할 때는 어른에게 도움을 부탁해요. 먹기 전에 갓 갈아낸 검은색 후추를 뿌려 주세요.

Lamb Chops and new potatoes with rosemary

양고기 촙과 로즈마리 어린 감자 구이

양고기는 박하 같은 생허브와 함께 요리하면 정말 맛있어요. 이탈리아에서는 양고기를 요리할 때 항상 허브를 이용해요. 이 레시피에서는 레몬즙, 올리브기름, 허브를 섞은 재움 양념을 써요. 이 양념은 양고기를 더욱 부드럽고 맛있게 해 준답니다.

4명에게 충분한 양
— 레몬 1개
— 생박하 1줄기
— 올리브기름 2큰술
— 양고기 촙 4쪽

어린 감자 구이:
— 어린 감자 675g
— 생로즈마리 1줄기
— 마늘 1쪽
— 올리브기름 2큰술

❶ 다리 세우기 칼질법(8쪽 참조)으로 레몬을 반으로 가르고 즙을 짜 대접에 담아요. (9쪽 참조) 박하 잎을 따내 레몬즙에 올리브기름과 함께 넣고 한데 잘 섞어요.

❷ 양고기 촙을 1단계에서 만든 재움 양념에 넣고 뒤적이면서 양념을 골고루 둘러 주세요.

❸ 올리브기름과 허브의 맛이 양고기에 배어들도록 1시간 동안 두어요. 양념에 재우면 양고기가 아주 부드러워지고 맛도 굉장히 좋아진답니다.

❹ 양고기를 양념에 재운 지 45분쯤 되었을 때 오븐을 190℃로 데워요. 다리 세우기 칼질법으로 감자를 세로로 길게 반 잘라 구이팬에 로즈마리, 마늘과 함께 담아요. 여기에 올리브기름을 졸졸 뿌린 뒤 장갑을 끼고 오븐에 넣어 20분 동안 구워요.

❺ 양고기를 양념에서 꺼내 주세요. 구이팬이 충분히 크다면 감자 위에 양고기를 올려요. 팬이 작으면 다른 팬에 양고기를 따로 올려 구워요. 양고기는 10분 동안 구운 뒤 장갑을 끼고 오븐에서 꺼내 집게로 뒤집어요.

❻ 다시 장갑을 끼고 팬을 오븐에 넣어 10분 더 구워 주세요. 감자는 노릇노릇하면서 젓가락이나 나이프로 찔렀을 때 부드럽게 들어갈 정도로 익혀요. 양고기는 속에 분홍색이 살짝 남아 있을 만큼만 익혀야 맛있지만, 좀 더 구워도 괜찮아요.

Roast leg of lamb in a herb crust with stuffed tomatoes

허브 껍데기의 양 다리 통구이와 속 채운 토마토

이 요리는 가족 모임이나 축하하기 위한 자리에 아주 잘 어울려요. 속을 채운 토마토를 곁들이면 좋고 브로콜리나 깍지콩과 먹어도 맛있어요. 이 레시피에서는 여러 종류의 허브를 사용하는데, 박하 대신 타임을 써도 맛있답니다. 레시피대로 요리하면 양고기 속에 살짝 분홍색이 남아 있을 거예요. 더 익히는 게 좋다면 10분 정도 더 구워 주세요.

6명에게 충분한 양
— 생타임 또는 박하 1줄기
— 생오레가노 1줄기 또는 말린 오레가노 2작은술
— 생이탈리안 파슬리 1줄기
— 생로즈마리 1줄기
— 흰색 또는 갈색 구운 빵 1쪽
— 올리브기름 2큰술
— 1.3kg짜리 양 다리

속을 채운 토마토:
— 잘 익은 토마토 4개   — 생오레가노 잎 몇 장
— 흰색 또는 갈색 구운 빵 2쪽
— 올리브기름 1큰술

❶ 오븐을 200℃로 데워요. 허브 잎을 따내고 가위로 잘게 잘라 대접에 담아요.(7쪽 참조)

❷ 구운 빵을 손가락으로 부숴 가루를 내고 허브에 더해요.

❸ 올리브기름을 허브와 빵가루에 넣고 잘 섞어요.

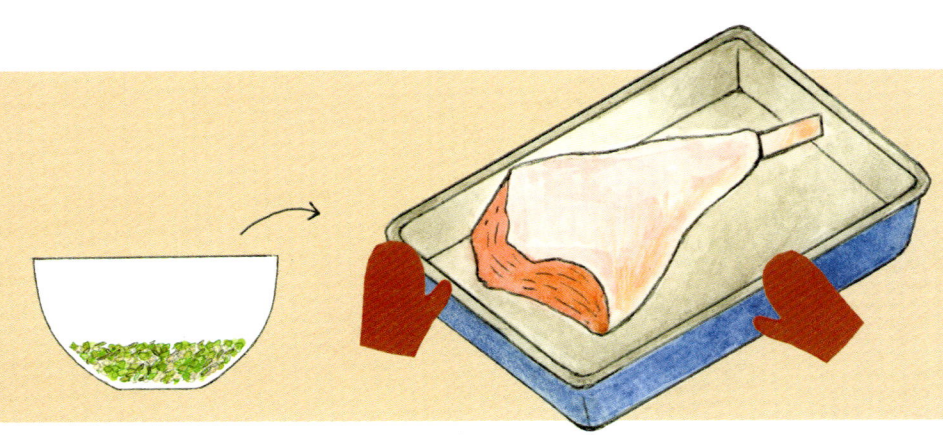 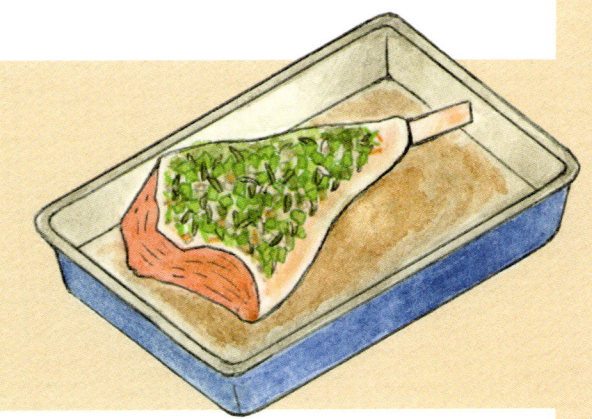

❹ 양다리를 커다란 통구이팬에 담고 허브와 빵가루를 손으로 잘 펴 발라요. 팬에 물 150ml를 부어요. 장갑을 끼고 팬을 오븐에 넣어 15분간 구워요.

❺ 오븐의 온도를 180℃로 낮춰 35분 동안 더 구워요. 1.3kg짜리 양 다리에 맞는 시간이니 무게가 다른 양고기를 굽는다면 시간이 얼마나 걸릴지 산수로 풀어요! 양고기 500g당 20분을 굽고 전체를 20분 더 구워 마무리해야 한답니다. 양고기 100g당 4분씩 굽고 전체를 20분 더 구워 마무리한다는 뜻이죠.

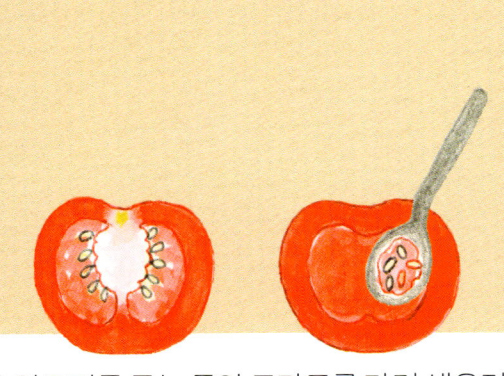  

❻ 양고기를 굽는 동안 토마토를 다리 세우기 칼질법(8쪽 참조)으로 반 갈라요. 씨는 작은 숟가락으로 발라내세요. 구운 빵 2쪽을 손가락으로 부숴 가루를 낸 다음 토마토에 담아요. 속을 채운 토마토 위에 오레가노를 솔솔, 기름을 졸졸 뿌려요.

❼ 양고기를 오븐에서 35분 동안 구운 뒤 꺼내요. 팬을 꺼낼 때는 어른에게 부탁하세요. 양고기를 구운 팬에 토마토를 올리고 다시 오븐에 넣어요. 아니면 다른 오븐용 접시에 토마토를 담고 오븐에 넣어 통구이팬 옆에다 두고 구워도 괜찮아요.

❽ 토마토와 양고기를 함께 25분 동안 더 구워요. 장갑을 끼고 오븐에서 양고기를 꺼내 5분 동안 그대로 두었다가 먹어요.

Focaccia

포카치아

포카치아는 이탈리아에서 진짜 인기가 많은 납작빵이에요. 보조개처럼 옴폭 들어간 부분에 올리브기름과 로즈마리의 맛을 듬뿍 머금고 있고, 만들기도 쉽답니다. 레시피를 따라 만든 다음에는 고명으로 간 치즈, 햇볕에 말린 토마토, 올리브 등을 더해서 만들 수 있어요.

큰 포카치아 1개 분량
— 올리브기름 3~4큰술, 팬에 바를 만큼 따로 필요해요.
— 강력분 500g, 두를 것 따로 필요해요.
— 활성 건조 효모 7g짜리 1봉지

고명:
— 올리브기름 2큰술
— 생로즈마리 잎 한 줌, 또는 좋아하는 고명

❶ 계량컵에 찬물 125ml를 담고 같은 양의 뜨거운 물을 더해 250ml를 만들어요. 손가락을 담가 따뜻한지 확인해 봐요.

❺ 올리브기름을 물에 넣은 뒤 이를 우물에 부어요. 나무 주걱으로 섞어 부드러운 반죽을 만들어요.

❷ 가로 30cm, 세로 20cm짜리 제과제빵 팬에 페이스트리 붓으로 올리브기름을 약간 바르고 밀가루를 솔솔 뿌려 두세요.

❸ 밀가루를 체에 내려 아주 큰 대접에 담아요. 건조 효모를 밀가루에 솔솔 뿌려요.

❹ 대접에 담긴 밀가루 한가운데에 우물(큰 구멍)을 파요. 대접의 바닥이 보일 만큼 깊어야 한답니다.

❻ 작업대에 밀가루를 살짝 두르고 반죽을 올려요. 손바닥으로 꾹꾹 밀었다가 손가락으로 당기면서 반죽해요. 커다란 고무처럼 쭉쭉 늘어날 때까지 5분가량 반죽해 주세요. 손과 밀대를 사용해 반죽을 사각형으로 만드는데, 제과제빵팬보다 크기가 조금 작게 밀어 팬에 담아요. 살짝 축축한 행주를 덮어 반죽이 두 배로 부풀 때까지 따뜻한 곳에서 1시간 정도 두어요. 부풀어 오르는 걸 지켜보세요!

❼ 오븐을 220℃로 데워요. 손가락으로 반죽을 군데군데 눌러 보조개를 만들어요. 올리브기름을 졸졸, 로즈마리 잎을 솔솔 뿌려요. 노릇해지고 속까지 익도록 오븐에서 20~25분 동안 구워요. 사각형으로 자르거나 손으로 찢어 나눠 먹어요.

Marbled Ring Cake
마블링 케이크

초콜릿과 바닐라 맛의 이 케이크는 꽤 단단하고 너무 달지 않아요. 과일과 함께 디저트로 먹으면 좋고, 또는 간식 도시락으로 싸도 좋아요. 잘라서 버터를 발라 구워도 맛있답니다!

6~8명에게 충분한 양
- 무염 버터 100g, 케이크 틀에 바를 것 별도
- 베이킹파우더가 포함된 밀가루 400g
- 베이킹파우더 1작은술
- 백설탕 100g
- 자유 방목 달걀 2개
- 바닐라 추출액 몇 방울
- 우유 175ml와 1큰술이 따로 필요해요.
- 코코아 가루 2큰술
- 장식용 코코아 가루 또는 가루 설탕

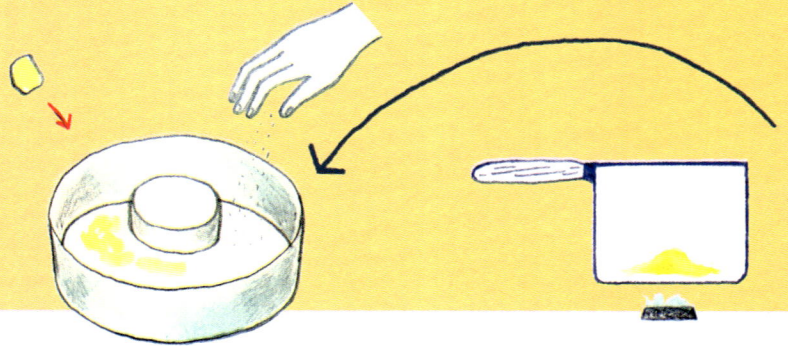

❶ 오븐을 180℃로 데워요. 지름 22cm짜리 고리 모양의 틀(또는 20cm짜리 둥근 케이크 틀)에 버터를 발라요. 버터 한 조각을 틀 안쪽에 골고루 문지르고 밀가루 약간을 솔솔 뿌려요.

❷ 버터를 작은 소스팬에 담아 약한 불에 올려서 녹이거나, 또는 작은 대접에 담아 전자레인지로 녹인 다음 식혀요.

❸ 밀가루와 베이킹파우더를 체로 내려 큰 대접에 담아요. 여기에 설탕을 더해요.

❼ 초콜릿 반죽을 버터 바른 틀에 떠 담아요. 반죽이 조금 뻑뻑할 수도 있으니 숟가락 2개로 옮겨 담아요. 반죽을 팬 전체에 골고루 담아 주세요!

❽ 이제 바닐라 반죽을 떠서 초콜릿 반죽 위에 담아요. 틀에 먼저 담은 반죽이 케이크의 윗면에 온답니다. '마블링'이 잘 된 케이크를 만들고 싶으면 두 가지 반죽을 차례로 한 숟가락씩 떠서 팬에 담아요. 그러면 두 층으로 나뉘는 케이크 대신 초콜릿과 바닐라가 물결치는 케이크를 구울 수 있어요.

코코아 가루

❹ 달걀을 깨뜨려 작은 그릇에 담아요.(9쪽 참조) 녹여서 식힌 버터, 우유, 바닐라 추출액을 달걀에 넣고 포크로 휘저어 섞어요.

❺ 달걀과 함께 섞은 재료를 밀가루에 더하고, 잘 어우러지도록 나무 주걱으로 조심스럽게 섞어요.

❻ 반죽의 절반을 다른 대접에 담고 코코아 가루와 우유 1큰술을 더해 다시 잘 섞어 주세요. 초콜릿 반죽을 만드는 거예요.

❾ 장갑을 끼고 케이크를 오븐에 넣어 20분 동안 구워요. 익었는지 확인해 보려면 이쑤시개나 나이프로 찔러 보세요. 아무것도 묻어 나오지 않으면 익은 거랍니다. 케이크 반죽이 끈적하게 묻어 나오면 다시 오븐에 넣어 3~4분간 더 익혀요. 다 구운 케이크는 식힘망에 올려놓고 15분가량 두어요. 조심스럽게 틀을 뒤집어서 케이크를 꺼내 식혀요.

❿ 코코아 가루나 가루 설탕을 작은 체로 내려 케이크에 솔솔 뿌려 장식해요.

Orange Cake

오렌지 케이크

6~8명에게 충분한 양

케이크:
— 무염 버터 100g, 케이크 틀에 바를 것 따로 필요해요.
— 오렌지 1개
— 자유 방목 달걀 2개
— 백설탕 100g
— 가루 설탕 100g
— 베이킹파우더가 포함된 밀가루 100g
— 베이킹파우더 ½작은술

아이싱: — 가루 설탕 100g
— 오렌지 1개

❶ 오븐을 180℃로 데워요. 지름 20cm짜리 케이크 틀에 버터를 발라요. 작은 버터 한 조각을 틀 안쪽에 골고루 문질러 주세요.

❷ 유산지 위에 케이크 틀을 올리고 틀을 따라 동그라미를 그린 뒤 가위로 오려요. 잘라 낸 유산지는 케이크 틀 바닥에 깔아 주세요.

❸ 다리 세우기 칼질법(8쪽 참조)으로 오렌지를 반으로 갈라 즙을 짜서 계량컵에 담아요. 오렌지즙은 90ml가 필요한데, 즙이 더 많이 나오면 남는 건 마셔도 된답니다.

❼ 녹인 버터를 넣어 섞어요.

❽ 밀가루와 베이킹파우더를 체로 내려 더하고 오렌지즙을 부은 뒤 조심스레 전부 섞어요. 잘 섞인 반죽을 케이크 틀에 부어요.*

❾ 장갑을 끼고 케이크를 오븐에 넣어 18분 동안 구워요. 익었는지 확인하려면 이쑤시개나 나이프로 찔러 보세요. 아무것도 묻어 나오지 않으면 익은 거예요. 반죽이 묻어 나오면 오븐에서 3~4분 더 익혀요.

● 베이킹파우더가 포함된 밀가루가 없으면 일반 밀가루를 써도 괜찮아요. —옮긴이

이 케이크는 오렌지 맛이 환상적이에요. 꽤 납작한 케이크인데, 오븐에서 부풀어 오르지만 다 구우면 크거나 높지 않아요.

 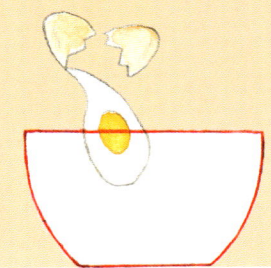 

❹ 버터를 작은 소스팬에 담아 약한 불에 올려서 녹이거나, 또는 작은 대접에 담아 전자레인지로 녹인 다음 식혀요.

❺ 달걀을 깨뜨려 큰 대접에 담아요.(9쪽 참조)

❻ 백설탕과 가루 설탕을 대접에 넣고 거품기(손으로 하거나 전동 거품기를 써도 괜찮아요.)로 휘저어요. 가볍게 부풀어 오를 때까지 휘저어 주세요.

❿ 장갑을 끼고 오븐에서 케이크를 꺼내요. 다 구운 케이크는 식힘망에 올려놓고 15분가량 두어요. 조심스럽게 틀을 뒤집어서 케이크를 꺼내 식혀요.

⓫ 아이싱을 만들어요. 다리 세우기 칼질법으로 오렌지를 반으로 자른 뒤 즙을 짜요.(9쪽 참조) 가루 설탕을 체로 내려 대접에 담고 오렌지즙을 더해 잘 섞어요.

⓬ 식은 케이크에 젓가락이나 포크로 구멍을 몇 군데 뚫은 뒤 아이싱을 케이크 위에 부어요. 아이싱이 구멍으로 들어가는 건 물론이고 케이크 가장자리나 식탁에도 흘러넘칠 거예요!

Hazelnut Cake

헤이즐넛 케이크

간단하게 만들 수 있으면서 맛있는 케이크예요. 레몬 제스트(레몬의 노란 겉껍질을 갈아 낸 것)가 놀라운 맛을, 견과류가 질감을 더해 준답니다. 레몬 맛이 더 두드러지는 케이크를 먹고 싶다면 가루 설탕 약간과 레몬즙을 섞어 케이크 위에 뿌려 주세요.

6~8명에게 충분한 양

— 무염 버터 100g, 케이크 틀에 바를 것 따로 필요해요.
— 통헤이즐넛 200g (시간을 줄이고 싶다면 아몬드 가루를 써요.)
— 베이킹파우더가 포함된 밀가루 200g
— 백설탕 200g   — 자유 방목 달걀 2개
— 레몬 1개   — 우유 50ml
— 가루 설탕, 케이크 위에 뿌릴 것

❶ 오븐을 180℃로 데워요. 지름 20cm짜리 케이크 틀에 버터를 발라요. 작은 버터 한 조각을 틀 안쪽에 골고루 문질러 주세요.

❷ 유산지 위에 케이크 틀을 올리고 틀을 따라 동그라미를 그린 뒤 가위로 오려요. 잘라 낸 유산지는 케이크 틀 바닥에 깔아 주세요.

❸ 버터를 작은 소스팬에 담아 약한 불에 올려서 녹이거나, 또는 작은 대접에 담아 전자레인지로 녹인 다음 식혀요.

❻ 밀가루를 체로 내려 커다란 대접에 담아요. 여기에 설탕과 갈아 둔 헤이즐넛을 더해요.

❼ 손가락을 다치지 않게 조심하면서 레몬 겉껍질을 강판에 갈아요.(9쪽 참조) 밀가루에 레몬 껍질 간 것을 더하고 잘 섞은 다음 가운데에 대접의 바닥이 보이도록 우물을 파요.

❽ 달걀을 깨뜨려 계량컵에 담고(9쪽 참조) 녹여서 식힌 버터와 우유를 더해 포크로 잘 섞어 주세요.

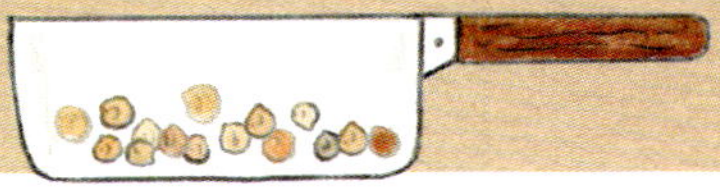

❹ 헤이즐넛을 더 고소하게 하려면 팬에 담아 약한 불에서 구워요. 몇 분이면 되는데 너무 오래 굽지 않도록 주의해요. 타지 않게 나무 주걱으로 이리저리 굴려 주세요.

❺ 헤이즐넛을 푸드 프로세서에 넣고 곱게 다져요. 푸드 프로세서를 쓸 때는 어른에게 도움을 부탁하세요.(7쪽 참조) 푸드 프로세서가 없다면 비닐봉지에 헤이즐넛을 담아 밀대로 부숴요. 시간을 줄이고 싶다면 통헤이즐넛을 구워서 갈아 쓰는 대신 아몬드 가루를 써도 좋아요.

❾ 달걀에 섞인 재료를 밀가루의 우물에 붓고 조금씩 저어 주세요. 한데 잘 섞이도록 조심스럽게 휘저어요.

❿ 반죽을 케이크 틀에 떠 담아요. 장갑을 끼고 오븐에 넣어 30분 동안 구워요. 익었는지 확인해 보려면 이쑤시개나 나이프로 찔러 보세요. 아무것도 묻어 나오지 않으면 익은 거예요. 반죽이 끈적하게 묻어 나오면 다시 오븐에 넣어 3~4분 더 익혀요. 다 구운 케이크는 식힘망에 올려놓고 15분가량 두어요. 조심스럽게 틀을 뒤집어 케이크를 꺼낸 다음 식혀 주세요. 작은 체로 내린 가루 설탕을 케이크에 골고루 뿌려 장식해요.

Stuffed Peaches

속 채운 복숭아

4명에게 충분한 양
- 무염 버터 약 15g
- 백설탕 50g
- 복숭아 5개
- 아마레티 비스킷 4개
- 자유 방목 달걀 2개
- 코코아 가루 15g

아마레티는 둥글고 볼록한 모양의 아몬드 비스킷이에요. 질감이 아주 가볍고 바삭하지요. 속을 채운 복숭아는 그냥 먹어도 맛있고 아이스크림이나 요구르트를 곁들일 수 있어요.

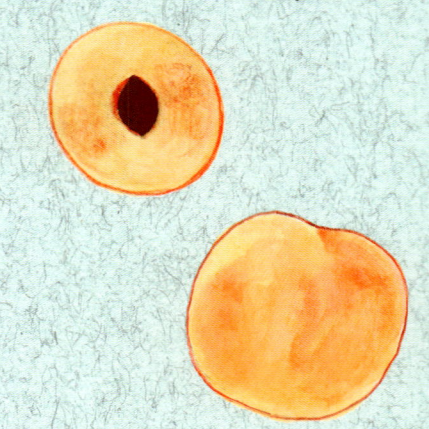

❶ 오븐을 160℃로 데워요. 오븐용 접시에 버터를 약간 발라 주세요.(남은 버터는 나중에 쓸 거예요.)

❷ 다리 세우기 칼질법(8쪽 참조)으로 복숭아를 반으로 갈라요. 살짝 비틀면 반으로 나누기 쉬워요.

❸ 작은 숟가락으로 씨를 발라내요. 고양이 앞발 칼질법(8쪽 참조)으로 복숭아 1개를 잘게 썰어 대접에 담아 두세요.

 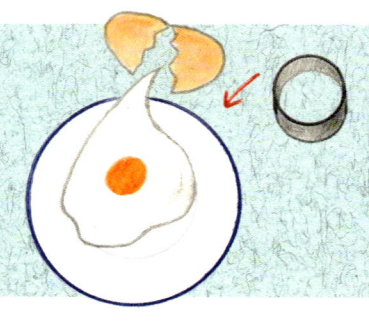 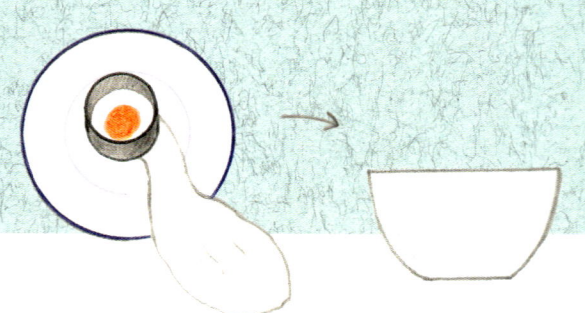

❼ 아마레티 비스킷을 손으로 잘게 부숴 썰어 놓은 복숭아에 더해요.

❽ 달걀의 흰자와 노른자를 분리해요. 먼저 달걀을 깨뜨려 접시에 담아요.(9쪽 참조) 그리고 노른자를 감싸도록 비스킷 틀을 올리고 접시를 대접에 기울여요. 그러면 틀 안에 노른자만 남고 흰자는 대접에 담기지요. 다른 달걀도 똑같은 방법으로 흰자와 노른자를 갈라요. 흰자는 남겨 뒀다가 나중에 머랭을 만들거나 오믈렛을 만들 때 사용하세요.

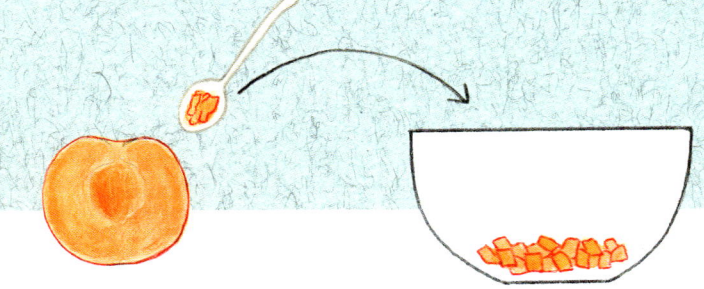

❹ 작은 숟가락으로 다른 복숭아의 씨를 발라낸 부분을 좀 더 파서 구멍을 크게 내요.

❺ 발라낸 복숭아 살은 썰어 놓은 복숭아와 합쳐요.

❻ 반으로 갈라 씨를 뺀 복숭아는 오븐용 접시에 담아요. 이때 자른 면이 위로 오도록 하세요.

❾ 부숴 놓은 아마레티에 달걀노른자와 코코아 가루, 설탕을 더해 한데 잘 섞어요.

❿ 9단계에서 섞은 것을 복숭아에 볼록하게 솟아오르도록 담고 버터를 잘게 썰어 한 쪽씩 올려요. 장갑을 끼고 오븐에 넣어 1시간 구워요. 뜨겁거나 따뜻할 때 먹어요.

Banana Cream
바나나 크림

쉽고 빨리 만들 수 있으면서 맛있는 이 크림 디저트는 잘 익은 바나나로 만들어요. 이 레시피로 4명이 조금씩 나눠 먹을 수 있는 디저트를 만들 수 있답니다. 재료의 양을 늘리면 더 많이 만들 수 있어요!

4명에게 충분한 양
— 잘 익은 바나나 2개와 장식용 따로 (선택)
— 레몬 ½개
— 마스카르포네 치즈 4큰술
— 떠먹는 요구르트 8큰술
— 묽은 꿀 4작은술   — 계핏가루 한 자밤

❶ 바나나 껍질을 벗겨서 살을 대접에 담아요. 감자를 으깰 때 쓰는 매셔나 포크로 매끄러워질 때까지 으깨요. 레몬즙을 짜서 바나나에 뿌리고 포크로 섞어 주세요.

❷ 마스카르포네 치즈와 떠먹는 요구르트를 으깬 바나나에 더해 잘 섞은 다음 꿀을 졸졸 흘려 넣어요.

❸ 작은 그릇에 담아요. 바나나를 썰어 올려 장식할 수도 있답니다. 계핏가루를 솔솔 뿌려 먹어요.

Fruits of the forest ice cream
숲의 과일 아이스크림

여러 종류의 베리를 넣은 이 아이스크림은 아이스크림 제조기 없이도 만들 수 있어요. 빠르고 간단하면서 색깔도 예쁘답니다.

6~8명에게 충분한 양
— 생크림 284ml
— 냉동 베리류 400g (블랙베리, 라즈베리, 레드커런트, 블랙커런트 등 여러 종류의 베리를 섞어 써요.)
— 레몬 ½개
— 백설탕 175g

❶ 크림을 큰 대접에 담아 손으로 또는 전동 거품기로 뿔이 부드럽게 올라올 때까지 휘저어요. 거품기로 크림을 찍어 올렸을 때 99쪽 그림 속의 눈 내린 산처럼 보여야 한답니다! 크림을 너무 오래 휘저으면 거품이 단단하고 뻣뻣해져요.

❷ 냉동 베리를 푸드 프로세서에 넣어요. 레몬즙과 설탕을 넣어 섞은 뒤 베리가 으깨질 때까지 돌려요. 푸드 프로세서는 어른의 도움을 받아 사용하세요.(7쪽 참조)

❸ 거품을 낸 크림에 으깬 과일을 더하고 포개듯이 조심스럽게 한데 잘 담아요. 냉동 용기(깨끗하게 닦은 아이스크림 통이나 타파웨어 용기가 좋아요.)에 담아 뚜껑을 꼭 덮은 뒤 꽁꽁 얼 때까지 3시간가량 냉동실에 두세요.

soft peaks
부드러운 봉우리

Monte Bianco 몽블랑산

It's freezing in here!
너무 추워요!

Brrr
부르르

99

옮긴이 이용재

음식에 대한 글을 쓰고 옮겨요. 『한식의 품격』, 『외식의 품격』을 썼고 『실버 스푼』, 『뉴욕의 맛 모모푸쿠』, 『식탁의 기쁨』, 『철학이 있는 식탁』 등을 옮겼어요. 『아이와 함께하는 실버 스푼』에 소개된 레시피 중에는 라자냐와 오렌지 케이크 만들어 먹는 걸 가장 좋아한답니다.

Original title: The Silver Spoon for Children: Favourite Italian Recipes
© 2009 Phaidon Press Limited

This Edition published by ScienceBooks Publishing Co. Ltd under licence from Phaidon Press Limited, Regent's Wharf, All Saints Street, London, N1 9PA, UK,
© 2018 Phaidon Press Limited.

All rights reserved.
No part of this publication may be reproduced, stored in a retrieval system or transmitted, in any form or by any means, electronic, mechanical, photocopying, recording or otherwise, without the prior permission of Phaidon Press.

이 책의 한국어판 저작권은 Phaidon Press Limited와 독점 계약한 ㈜사이언스북스에 있습니다.

저작권법에 의해 한국 내에서 보호를 받는 저작물이므로 무단 전재와 무단 복제를 금합니다.

아이와 함께하는 실버 스푼

1판 1쇄 찍음 2018년 4월 15일
1판 1쇄 펴냄 2018년 4월 30일

옮긴이   이용재
펴낸이   박상준
펴낸곳   ㈜사이언스북스
출판등록 1997. 3. 24.(제16-1444호)
(06027) 서울특별시 강남구 도산대로1길 62
대표전화 515-2000   팩시밀리 515-2007
편집부   517-4263   팩시밀리 514-2329

한국어판 ⓒ ㈜사이언스북스, 2018. Printed in Hong Kong.

ISBN 978-89-8371-752-8 13590

세미콜론은 이미지 시대를 열어 가는 ㈜사이언스북스의 브랜드입니다.
www.semicolon.co.kr